Ehrenfried Kluckert

Chorgebet und Handelsmesse

HERDER spektrum

Band 5613

Das Buch

Gotische Kathedralen einmal anders. Weniger als kunsthistorisches Dokument betrachtet, vielmehr als Kulminationspunkte des mittelalterlichen Alltags. Ehrenfried Kluckert entführt uns mit diesem Buch ins Alltagsleben des Mittelalters. Wie kam es zu den beeindruckenden Bauten der gotischen Kathedralen? Wie gestaltete sich deren Bau konkret? Welche Rolle spielte die Kathedrale im urbanen Leben? Und welche mythisch-mystischen Konzepte verbergen sich hinter ihr? Ausgehend von einem Blick auf das Portal einer gotischen Kathedrale beginnt eine spannende Reise in die Welt der Bauhütten und ins Abenteuer Gesamtkunstwerk, wo Glasmalerei, Architektur und Musik zusammenfinden. Die Baustelle als Pilgerzentrum, die Handelsmesse im Querschiff und die Kirche als Treffpunkt und Kontakthof. Ein Buch wie eine Reise in eine faszinierende Epoche.

Der Autor

Ehrenfried Kluckert, geboren 1944 in Hamburg, ist promovierter Kunsthistoriker und lehrte in Reutlingen und als Professor an der Universität Gießen. Heute lebt er als freier Autor im Markgräflerland / Südbaden.

Ehrenfried Kluckert

Chorgebet und Handelsmesse

Vom Alltag in den gotischen Kathedralen

HERDER

FREIBURG · BASEL · WIEN

Originalausgabe

Gedruckt auf umweltfreundlichem,
chlorfrei gebleichtem Papier

www.herder.de
Satz: Dtp-Satzservice Peter Huber, Freiburg
Herstellung: fgb · freiburger graphische betriebe 2006
www.fgb.de
Umschlaggestaltung und Konzeption:
R·M·E München / Roland Eschlbeck, Liana Tuchel
Umschlagmotiv aus dem Brevier der Isabella von Kastilien,
flämisch, um 1497
Grafiken und Abbildungen im Innenteil © by Ehrenfried Kluckert
ISBN-13: 978-3-451-05613-0
ISBN-10: 3-451-05613-5

Inhalt

Vorwort

Die andere Kathedrale

Als Junge besuchte ich mit meiner Mutter immer mal wieder den Hamburger Weihnachtsmarkt um St. Petri. Häufig war es bitterkalt, und die Verkäufer an den Ständen machten schlechte Geschäfte. In der Kirche empfing uns eine angenehme Wärme. Meine Mutter zeigte mir die Heiligenbilder und die mächtige Orgel auf der Empore. Mich aber interessierte etwas anderes. Die riesige Halle bot sich in melancholischer Verlassenheit dar. Sogar Stühle und Bänke musste man suchen. Sie gruppierten sich zu einem kleinen Ensemble in der Nähe des Chors. „Warum bauen die armen frierenden Leute ihre Stände nicht hier drinnen auf?" Meine Mutter schüttelte den Kopf. Nein, in der Kirche wird gebetet und gesungen, denn Christus hat die Händler aus dem Tempel getrieben. Das kannte ich vom Konfirmandenunterricht her, und ich musste ihr zustimmen.

Jahre später. Das Abitur nahte, und wir unternahmen nach den letzten Sommerferien eine Klassenreise ins Elsass. In Straßburg stand das Münster auf dem Programm. Vor dem Hauptportal blieb ich stehen, schaute in die Höhe und staunte nicht schlecht: Ein Bock mit steilem Glied neben einem Erhängten. Das war Judas. Und der Bock? Ein Skelett unter dem Kreuz Christi, ein Walfisch, der ein betendes Menschlein ausspuckt, ein nobler Herr, dem Kröten aus dem Rücken kriechen … Was für Geschichten wurden hier erzählt?

Antworten erhielt ich Jahre später während meines Kunstgeschichtsstudiums. Dort erfuhr ich, dass die Kathedrale auch für nicht-sakrale Zwecke genutzt wurde. Mein Interesse war geweckt, und ich machte mich kundig. Anlässlich eines Gotik-Seminars schlug ich dem Professor ein Referat mit dem Thema „Soziale Ereignisse in der Kathedrale“ vor. Er lehnte ab. „Das ist eine andere Kathedrale, die Sie beschreiben wollen. Wir betreiben Kunstgeschichte und keine Soziologie.“

Viele Jahre sind seitdem vergangen. Die „andere Kathedrale“ hat mich immer begleitet, und viele Aspekte tauchen in dem einen oder anderen Buch oder Essay auf. Hier bietet sich nun die Gelegenheit, das komplexe Thema der „sozialen Peripherie“ der gotischen Kathedrale darzustellen. Und wer es nicht mehr erwarten kann, was es mit Judas, dem Skelett und dem noblen Herrn auf sich hat, sollte schnell zur Seite 27 vorblättern.

Einleitung

„Ganz von Zierart erdrückt“ – Zum Begriff des Gotischen

Die Begeisterung für die gotische Kathedrale haben wir Johann Wolfgang von Goethe zu verdanken, der sich noch vor seinem Aufenthalt in Straßburg als „abgesagter Feind der verworrenen Willkürlichkeiten gotischer Verzierungen“ verstand. Wie anders sollte er damals auch das „Gotische“ begriffen haben? Vasaris Barbarentheorie behauptete bis ins 18. Jahrhundert seine Gültigkeit. Giorgio Vasari, ein Kind der italienischen Renaissancekultur und zudem Maler, Architekt und Biograph, sprach abschätzig vom „stile gotico“ und meinte damit das barbarische Stilempfinden der nördlichen Länder. Für ihn waren die Goten, die von Norden her in das Land einfielen und es verwüsteten, eben schlicht Barbaren.

Der junge Goethe, mit der mittelalterlichen Architektur noch nicht allzu vertraut, orientierte sich an dieser Einschätzung. Für ihn war Johann Georg Sulzers Kunsttheorie verbindlich, in der das Gotische ebenfalls mit einem barbarischen Geschmack gleichgesetzt wurde.

Die gotische Kathedrale – ein „krausborstiges Ungeheuer“! Mit diesen Gedanken bezog Goethe im Jahre 1770 in Straßburg sein Studentenzimmer, und mit diesem Gedanken machte er sich erstmals auf den Weg zum Münster. Da stand er nach wenigen Schritten gegenüber vom Gutenbergplatz in der Krämergasse und schaute hinauf zum Ornamentgebirge, das in den Himmel ragte, und mochte zunächst nichts anderes gesehen haben, als ein unübersehbares Geflecht aus Türmchen,

Stäben, Bögen und Figuren. Allmählich konnte er die Westfassade differenzieren:

> Mit welcher unerwarteten Empfindung überraschte mich der Anblick, als ich davor trat! Ein ganzer, großer Eindruck füllte meine Seele, den, weil er aus tausend harmonierenden Einzelheiten bestand, ich wohl schmecken und genießen, keineswegs aber zu erkennen und zu erklären vermochte.

Diese Passage stammt aus dem wenige Jahre später entstandenen Aufsatz „Von deutscher Baukunst“ (1772) – das Leichentuch für Vasaris Barbarentheorie und zugleich ein Fanal für eine furios einsetzende Neubewertung der gotischen Baukunst. Bereits ein Jahr später, 1773, errichtete man das neugotische Gebäude in Wörlitz. Im Jahre 1780 bezog Goethe die gotische Malerei mit in seine Betrachtungen ein und schrieb an Johann Kaspar Lavater, dass Albrecht Dürer „an Wahrheit, Erhabenheit und selbst Grazie nur die ersten Italiener zu seinesgleichen“ habe.

Diese von Goethe inszenierte entschiedene ästhetische Kehrtwendung wird ebenfalls in der Malerei der Romantik transparent: Die gotische Kirchenruine avancierte zu einem Lieblingsmotiv Caspar David Friedrichs. Und das nicht nur aus ästhetischen Gründen. Der Bezug zum Mittelalter sollte angesichts der verworrenen politischen Situation zur Zeit der napoleonischen Kriege an eine längst abhanden gekommene Heimat erinnern und die Sehnsucht nach einem geeinten Deutschland schüren.

Von einem vergleichbaren Gedanken mochte Josef Görres beseelt gewesen sein, als er im Jahre 1814 den Ausbau des Kölner Doms als ein „Symbol des neuen Reiches, das wir bauen wollen“, förderte. Wenige Jahre zuvor hatte Goethe bereits Partei für das Vorhaben der Brüder Boisserée ergriffen, die

Pläne für die Restaurierung und Vollendung des Kölner Doms vorgelegt hatten. Zu diesem Zweck entwarf der Baumeister Karl Friedrich Schinkel ein Konzept zur Westfassade mit den beiden filigranen und hoch in den Himmel ragenden Türmen. Als Vorlage benutzte er einen mittelalterlichen Fassadenaufriss, der sich heute im Kölner Dombauarchiv befindet. Schinkels Entwurf ist deswegen bemerkenswert, weil der Architekt als ausgemachter Klassizist galt, also eher der Baukunst der Antike verhaftet war.

In dieser ersten Phase der Begeisterung für die gotische Kathedrale spielte der sakrale Gedanke eine eher untergeordnete Rolle. Es ging nicht um das filigrane Gotteshaus als Verkörperung oder Vorankündigung des Himmlischen Jerusalem. Der Kathedrale wuchs gewissermaßen eine nationale Aufgabe zu, indem sie sich zum Symbol für die erhoffte Konstituierung einer deutschen Heimat erhob.

Hat die von Goethe erbrachte Neubewertung die gotische Kathedrale aus ihrem historischen Kontext gelöst? Eine aus vielen Gründen nahe liegende Frage. Zunächst bleibt festzuhalten, dass Goethes Argumentation über die Empfindungsebene ablief. Er beschrieb und lobte die Form und präsentierte sie als deutsche Alternative zur „italienischen Leitkultur". Damit war der Weg bereitet, die gotische Kathedrale als politisches Mittel für die Förderung des Reichsgedankens zu benutzen. Zur Geschichtslosigkeit der Kathedrale kam die Befreiung vom sakralen Kontext, insofern die „ästhetische Kirche" der Romantiker als „Nationaldenkmal" verstanden wurde.

Die historische Dimension der „gotischen Idee", das Wo und Wann, ist bis heute weitgehend ungeklärt geblieben. Ein Geburtstag der Gotik war zwar schnell gefunden, doch sollte sich das Datum bald als fragwürdig erweisen. Es war der 14. Juli 1140, als unter der Leitung des Abtes Suger der Chorneubau der Abteikirche von Saint-Denis bei Paris begann. Bauleuten gelang es, den burgundischen Spitzbogen mit dem normannischen Rippengewölbe zu vereinen. Voilà! Das erste Kreuzrippengewölbe! Stimmt nicht: Dreißig Jahre zuvor wurde etwas Vergleichbares im Querhaus des Speyrer Doms und im Chor- und Querhausgewölbe des Wormser Doms konstruiert. Damit war auch das Ursprungsland, das französische Kronland, für die „gotische Idee" nicht mehr haltbar.

Später glaubte man, die Gotik aus dem Kreuzzugsgedanken und einer daraus resultierenden übersteigerten Gläubigkeit abzuleiten – reine Spekulationen, die dokumentarisch nicht nachzuweisen sind, auch wenn man die der Kunst des Orients entnommenen floralen Ornamentmuster ins Felde führt. Diese waren aber bereits seit dem 8. Jahrhundert, der Zeit der maurischen Besitznahme der iberischen Halbinsel nördlich der Pyrenäen und der Alpen, bekannt und bis in das Spätmittelalter in Gebrauch.

Je unsicherer die historischen Fakten, desto stärker das Bemühen um die Klärung und Beurteilung der gotischen Formstruktur. Es sei an Wilhelm Worringers „Formprobleme der Gotik" von 1918 erinnert oder an Hans Jantzens „diaphane Struktur" von 1957, die den „Raum als Symbol des Raumlosen" definierte. Sogar die starken Argumente „Würfelkapitell contra Blattkapitell" oder „Rundbogen kontra Spitzbogen" für den Gegensatz von Romanik und Gotik vermögen nicht zu überzeugen, da Schildbögen und Kreuzrippen lange vor dem fraglichen Geburtstag entstanden sind.

Ebenfalls vermochte man bis heute nicht, eine exakte Unterscheidung von romanischer und gotischer Skulptur zu beschreiben. Die Übergänge sind so fein gesponnen, dass es nicht möglich ist, die Figuren Naumburgs oder Bambergs im Vergleich mit den Reimser Kathedralfiguren eindeutig als romanisch oder gotisch zu klassifizieren.

Wenn wir uns darauf einigen können, dass die Formenstruktur der gotischen Architektur – inklusive Ornamentik und Skulptur – aus dem Baukörper der romanischen Kirche herausexperimentiert wurde, dann bleibt das zwar bauhistorisch vage, aber wir verfügen immerhin über ein griffiges Anschauungsmodell, das uns den Betrieb der mittelalterlichen Bauhütte erklären wird – zweifellos ein wichtiger Aspekt zur historischen Ortung der Kathedrale.

Goethes Staunen in Straßburg ist heute noch lebendig. Jeder kann es fühlen, wenn er vor der Westfassade des Münsters steht. Die verwirrende Vielfalt einer noch nicht durchschauten Ordnung, das filigrane und so zerbrechlich anmutende Architekturgeflecht, das sich abenteuerlich in die Höhe zieht, und schließlich die kompakten Baumassen des Gewölbes, die nach unten drücken und von zarten Pfeilern und durchbrochenen Fensterwänden getragen werden, denen man diese Funktion nicht zutrauen mag.

Haben die Menschen des Mittelalters ähnlich empfunden? Vielleicht anders, da sie, ihre Väter und Großväter sowie ihre Kinder und Enkel, als Zeitzeugen am nicht enden wollenden Bau der Kathedrale beteiligt waren. Sie konnten die Kathedrale benutzen – nicht nur als Gotteshaus, sondern als Illustration ihrer Alltagswelt, als schulischen Lehrraum, als Stätte des Handels oder als soziales Zentrum, in dem man sich traf, um geschäftliche oder amouröse Kontakte zu knüpfen oder zu pflegen. Das sind Aspekte, die den gotischen Kathedralbau in das jeweils aktuelle historische Umfeld stellen.

„Numine afflatur“ – das Geheimnisvolle weht uns an! Die unwirklich erscheinende Größe, die nicht nachvollziehbare Statik, das mystische Licht und die wunderbare Bildwelt der gotischen Kathedrale lassen sich weder historisch noch formalikonologisch begreifen. Hier schlägt die Stunde der Spekulanten, die dem Bau eine höhere, überirdische Bedeutung zuweisen möchten. Geheime Zahlenkombinationen, die dem Heiligen Grab entnommen sind, Sphärenklänge, deren musikalische Intervalle auf den Bauplan des Kosmos verweisen, oder unterirdische Kräftefelder, deren Magie den Bauplatz gewissermaßen herausgefordert hat, werden als Erklärungsvarianten für die Entstehung angeboten. Auch das gehört zur Kathedrale und unterstreicht ihre Nähe zum Alltäglichen und Profanen, dessen Güte und verhaltener Glanz im Mystischen zur Geltung kommt.

Wen interessieren komplizierte statische Gebilde, komplexe ikonografische Programme oder regionale Bauvarianten? Die Besucher erwarten von ihrem Führer auch oder hauptsächlich, in die Geheimnisse, die im magischen Halbdunkel inmitten des Säulenwalds und unter dem seltsam strukturierten Gewölbehimmel fast schon greifbar sind, eingeweiht zu werden. Und der Kunstführer, sei er gestenreich und rhetorisch überzeugend präsent oder aber vorliegend als Buch, erfüllt die Erwartungen.

Der Franzose Louis Charpentier darf als Meister der Kathedral-Geheimnisse gelten. Im Konzert mit vielen anderen, um die gleiche Zeit erbauten Kathedralen der Île de France geben die Verbindungslinien zwischen den Orten das Sternbild der Jungfrau wieder. Schließlich handelt es sich um Marien-Kathedralen. Dass die Figur vom heutigen Sternbild variiert, liegt an der langen Zeit – immerhin an die 800 Jahre –, die seitdem vergangen ist. Welch ein Unsinn: 800 Jahre, gerade mal ein kosmisches Augenzwinkern, haben die Sternpositionen nicht im Geringsten verändert.

Die gotische Kathedrale – ein Musikinstrument? Warum nicht! Wenn schon die Druiden mittels einer Dolmenkammer die tellurischen Erdströme dem Heil der Menschen erschließen wollten, dann suchten mit Sicherheit auch die in Bruderschaften vereinigten Kirchenbaumeister nach ähnlichen Lösungen. Mit der gotischen Kathedrale, so die abenteuerliche These, bauten sie einen gigantischen Resonanzkasten, eine künstliche Höhle also, um die Sphärenklänge und insbesondere die planetarischen Schwingungen akustisch zu verstärken.

Das klappte leider nicht, weswegen sie diese Ströme durch Musik, vorgetragen durch die Stimmen heiliger Männer, Mönche eben, zu Gehör brachten. Daraus entwickelte sich die Gregorianik. All das ist zwar ebenfalls unsinnig, es hört sich aber gut an. Dass die gotische Kathedrale nach musikalischen Prinzipien konstruiert wurde, steht außer Zweifel. Doch sollte man dabei bedenken, dass Musik im Mittelalter als mathematische Wissenschaft galt. Hier ging es um Maßverhältnisse und Proportionen, sowohl im Aufriss also auch im Grundriss.

Templer, Gralssucher und das Geheimnis der Bundeslade werden ebenfalls in das Mysterium „Gotische Kathedrale" eingebunden. Vom verlorenen Wissen der Menschheit ist die Rede oder von einer „Reise in die Anderwelt", wie die deutsche Schriftstellerin Sonja Ulrike Klug es formulierte. Geometrische Figuren werden so lange mit- und gegeneinander unter Heranziehen von abenteuerlichen Rechenoperationen in Beziehung gesetzt, bis Zahlen und Wurzeln aus Zahlen die Geheimnisse des Maßwerks, des Grund- und Aufrisses aufschließen. So kann es kaum verwundern, dass sie schließlich auf hinduistische Traditionen verweisen, den Heiligen Geist oder die Quellen der Weisheit.

Erschauerndes Staunen! Die Stimmung im Gotteshaus, längst entsakralisiert und im höchsten Maße ästhetisiert, gewinnt an Dichte und Spannung. So gesehen wird die Kathedrale zum Erlebnisraum, zu einer Spielwiese, auf der das Alltägliche mit dem Übernatürlichen verbunden wird – wenn auch ganz anders, als sich Priester das wünschten.

Ersatzreligion? Wenn mir schon der Glaube fehlt und ich nicht in der Lage bin, mein Leben von Gottes Hand leiten zu lassen, dann bin ich empfänglich und dankbar für das Transzendente, das in mir ein Bedürfnis nach dem Übersinnlichen stillt. Dass ich nebenher auch noch an den lieben Gott glaube, steht außer Frage. Doch die Priester vermögen heute kaum noch die Portale zu einer überirdischen Welt aufstoßen. Wo also finde ich außermentale Erfüllung? Die Fußballarena ist zu banal, das Kaufhaus zu kostspielig und die Oper zu kompliziert. Die Kathedrale dagegen offenbart mir alte Weisheiten, führt mich an den Rand der letzten Dinge und macht mich glauben, dass ich einen Blick durch das Fenster in die Ewigkeit erhaschen kann. Auch das ist alltäglich in dieser Zeit einer versickernden Religion und einer damit einhergehenden, zunehmend mühsamen Suche nach Gott.

Das Portal

Magister Alan zieht durch die Stadt. Das Schulwesen im Mittelalter. Das Prinzip der Biblia Pauperum. Mit den Schülern im Portal. Die biblische Bildwelt. Die verbindliche Struktur des gotischen Portals. In der Klosterschule

Die Glocken des Straßburger Münsters hatten die sechste Stunde geschlagen, und auch das Morgenläuten war bereits verklungen. Hohlwangig und melancholisch zog Alan, der Scholar, durch die Stadt. Sein grauer Rock wirkte reinlich, doch an den Ärmeln war er ausgefranst. Denn trotz seiner Gelehrtheit war Alan arm wie eine Kirchenmaus. In den vergangenen Monaten war er auf die Mildtätigkeit seiner Freunde und Verwandten angewiesen, die kalten Wintermonate verbrachte er im Kloster. Bis ihm kürzlich ein Mönch dazu riet, die Stadt aufzusuchen, um dort Kinder zu unterrichten. Das werde bei den reichen Zunftleuten gern gesehen. Sein Lohn? Nur in wenigen Fällen erhielt er einen oder zwei blanke Heller. Vorzugsweise wurde er in Naturalien entlohnt.

Mit einem Korb am Arm begab sich der Magister zum Haus des Bäckers. Freundlich begrüßte ihn dessen Frau Seline und reichte ihm einen halben Laib Brot. Kein schlechter Anfang, dachte der Magister. Während er noch das Brot im Korb verstaute, rief die Bäckerin nach Wolfram, ihrem Sohn. Offensichtlich hatte der Junge den Magister bereits erwartet, denn im Nu kam er in die Backstube gesprungen. Er verabschiedete sich von seiner Mutter und schloss sich dem Lehrer an.

Zusammen marschierten die beiden ein paar Häuser weiter zum Metzger, dann zum Schneider und zum Schuster. Weitere Jungen kamen aus den Gassen herbeigelaufen, Omo, Dietmut, Falko und die anderen. Und sie steckten ihrem

Scholaren Äpfel, Knöpfe, Garn, eine Stange Lauch oder sogar ein Paar Socken in den Korb. Bei letzterem handelte es sich wohl schon um eine Lohn-Vorauszahlung, die der Pädagoge dankbar entgegennahm. Bald war die Schar vollzählig, und der Schulmeister versammelte seine Zöglinge um sich herum, um ihnen die Unterrichtsstunden anzukündigen.

Heute geht es zum Münster. Wir werden das Westportal inspizieren. Warum? Hier ist die Weisheit der biblischen Schrift in wunderbaren Skulpturen ausgebreitet. Wer des Lesens nicht kundig sei, so der Lehrer, könne in den Bildwerken die Geschichten des Alten und Neuen Testaments kennen lernen.

Das Schulwesen, so wie wir es heute kennen, war im Mittelalter noch nicht entwickelt. Weder Klassenzimmer noch Schulgebäude standen für Lehrer und Schüler bereit. Der Unterricht fand in Klöstern und Kirchen statt. Größere Klöster verfügten sogar über eigene Schulen mit Bibliotheken und Schreibwerkstätten, so genannten Skriptorien. Mit den ersten Klostergründungen seit dem 4. Jahrhundert und der Entwicklung des monastischen Ideals begannen sich allmählich auch pädagogische Vorstellungen durchzusetzen.

Pachomius, einer der ersten abendländischen Klostergründer, schrieb in seiner Regel vor, dass der Unwissende, der ins Kloster eintritt, drei Stunden am Tag unterwiesen werden solle. Er musste Lesen lernen, um sich die Psalmen und Texte des Neuen Testaments einzuprägen. Wie ging das vor sich?

Wir wissen, dass dem Kunstwerk im Mittelalter unter anderem auch eine besondere didaktische Funktion zukam. Während im frühen Mittelalter das Bild oder die Skulptur als Lesehilfe verwendet wurde, um den Sinn von Buchstaben und Wörtern zu begreifen, setzten die Lehrer im Hoch- und Spätmittelalter Miniaturen, Gemälde oder Skulpturenzyklen als Medium ein, um bestimmte sakrale Bedeutungskomplexe zu erläutern. Das war z. B. bei den so genannten „bibliae paupera“, den Lehrbüchern für ungebildete Kleriker, auch „Armenbibeln“ genannt, der Fall. Häufig waren die Blätter in drei große Felder aufgeteilt. In der Mitte dominierte die zentrale Aussage, beispielsweise eine „Auferstehung Christi“ zusammen mit den beiden Propheten des Alten Testaments, die dieses Ereignis vorhergesagt hatten. Seitlich, die Mittelszene flankierend, waren spezifische Motive zu sehen, die in den Büchern des Alten Testaments auf das Christusthema Bezug nahmen: Samson, mit den Stadttoren von Gaza im Arm, und Jonas im Walfischbauch. Die unter Beweis zu stellende Einheit von Altem und Neuem Testament im Kontext der Auferstehung Christi las sich nun folgendermaßen: So, wie Samson die Stadttore von Gaza aushebelte, um aus der Stadt zu fliehen, und Jonas dem Schlund des Walfischs entkam, befreite sich Christus aus dem Sarg, indem er nach drei Tagen und Nächten Dunkelheit (Jonas) die Deckel sprengte (Samson) und auferstand.

Das Lernziel war eindeutig: Die Kombination der Szenen veranschaulicht die Präfiguration Christi im Alten Bund. Den Sinngehalt könnte man folgendermaßen beschreiben: Die Konfrontation „Altes Testament – Neues Testament“ löst sich zu Gunsten der Ecclesia, der neuen christlichen Kirche auf, um die Erlösung des Menschen von der Erbsünde zu feiern: Christus ist auferstanden!

Die „biblia pauperum“ arbeitete also mit dem didaktischen Prinzip der Anschauung, das selbstverständlich nicht nur auf illustrierte Bücher bezogen, sondern auch auf andere Bildmedien wie Altartafeln oder Skulpturen in Portalzonen oder an Säulenkapitellen zu übertragen war. Besonders anschaulich finden sich diese ikonisch-didaktischen Gegenüberstellungen vom Alten und Neuen Testament in den Kreuzgängen und Refektorien byzantinischer Klöster. Die Wände mancher dieser alten Mönchsbehausungen gleichen illustrierten Bibeln. Ein Meer von Bildern, die jede Phase des Heilsgeschehens wiedergeben, breitet sich vor den Betrachtern aus. Eine dekorative Funktion stand für die artistische Konzeption damals nicht zur Diskussion, da die Freskenfolgen keineswegs unter Berücksichtigung eines idealen Blickpunkts angelegt waren.

Im Athos-Kloster Dionysiu kann man noch heute den pädagogischen Gebrauch der stark beschädigten Bilder nachvollziehen. In ihrem unteren Bereich erkennt man Notizen, Anmerkungen oder Kommentare, die offensichtlich Mönche angebracht haben. So erscheinen die Fresken wie oft gelesene Schulbücher.

Im Laufe des Mittelalters intensivierte sich der didaktische Umgang mit dem Kunstwerk und damit auch die Ausbildung des Schulwesens. Wirtschaftlicher Wachstum ließ die Städte politisch erstarken. Die Kommunen erreichten eine Selbständigkeit, die ihnen gegenüber der Kirche den Rücken für individuelle handwerkliche Aktivitäten stärkte, so dass die Erziehung immer intensiver in den Dienst weltlicher Berufe einbezogen werden konnte. Ein Symptom dieser Entwicklung darf in der ersten Phase der Universitätsgründungen gesehen werden: Bologna 1119, Paris 1150, Prag 1348, Heidelberg 1386, Freiburg 1457.

Zurück zum Straßburger Münster. Die kleine Schülerzahl, wahrscheinlich nicht mehr als zehn oder zwölf Zöglinge, hatte das Portal erreicht. Einigen von ihnen war diese „Bibel aus Stein“ von Kirchgängen mit den Eltern bereits bekannt. Edwin etwa, der Sohn des Metzgers, hatte schon viele Bildwerke bestaunen können. Doch wenn er in seinem Sonntagsrock festlich gekleidet mit Vater, Mutter und Schwester durch das Portal schritt und den Vater nach der Bedeutung oder einfach nach der Identifizierung der Skulpturen fragte, wurde der ungeduldig und mahnte zur Eile. Schließlich wollte man noch einen Platz in den vordersten Reihen bekommen, wollte Altar und Chor nahe sein.

Also durfte der Magister mit der Neugier zumindest einiger Schüler rechnen. Weswegen, so sein Gedanke, sich das Skulpturenportal für den Unterricht besonders empfehlen würde. Doch auch ihm selbst bot das Portal einen günstigen Einstieg in den morgendlichen Unterricht, denn die Bildersprache der Bibel war ihm vertraut, und spontan konnte er aus dem Unterrichtsgeschehen heraus pädagogische Modelle entwickeln. Er war nicht nur ein gelehrter Mann, sondern auch ein guter Erzieher, der die Fähigkeit des Erklärens und Debattierens als Mönch im Kloster gelernt hatte. Seitdem er aber sein Leben als Klosterbruder aufgegeben und sich den weltlichen Studien zugewandt hatte, führte er ein ärmliches Leben. Um jeden Heller musste er kämpfen und manchmal auch betteln. Die neue Laufbahn als Lehrer, hoffte er, würde allmählich seine Lebensqualität erhöhen.

Das Straßburger Münster, Cathédrale Notre-Dame

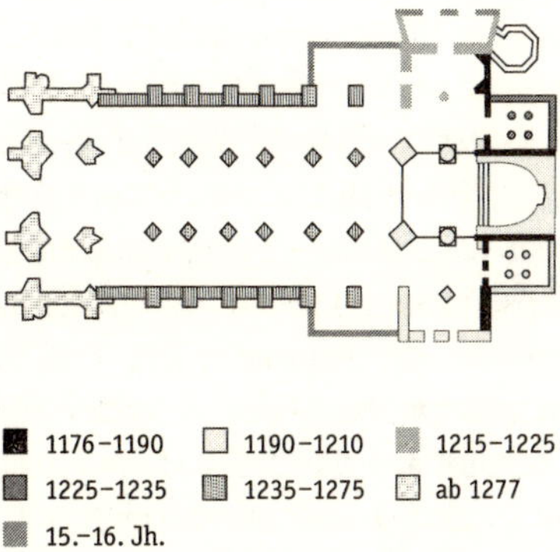

Das Münster geht auf einen Bau der ersten christlichen Gemeinde Straßburgs aus dem 3. Jahrhundert zurück. Unter der Laurentiuskapelle fanden Archäologen Reste eines römischen Mosaikfußbodens. Um 510 soll Chlodwig das erste Münster erbaut haben, nachdem im Jahrhundert zuvor die Stadt die Bischofswürde erlangt hatte.

Er war sicher, eine Marktlücke entdeckt zu haben. Begüterte Bürgersleute oder Handwerker, die ihre Kinder nicht ins Kloster schicken, wohl aber eine gründliche Erziehung sicherstellen wollten, gehörten vorzugsweise zu seiner Klientel. Für den „mobilen Magister" in der mittelalterlichen Stadt sprach aber auch die Entlastung der im Familienbetrieb tätigen Ehefrau und Mutter. So war die Bäckersfrau Seline beispielsweise froh, ihren Wolfram während des Vormittags in guten Händen zu wissen. Ähnlich erging es ihren Gewerbe-Kolleginnen, es sei denn, die Kinder mussten im Betrieb mit anpacken. Doch das eine schloss das andere nicht aus. Der Unterricht fand nicht regelmäßig statt, und übrigens auch nicht zur frühen Stunde an dunklen Wintertagen.

Das gotische Portal

Die Entwicklung des mittelalterlichen Kirchenportals ging zunächst vom figurenfreien Portaltypus der Frühromanik aus. Im Laufe des 11. Jahrhunderts machten sich allerdings schon Merkmale geltend, die für den späteren Skulpturenschmuck prägend geworden sind. Bei den Hauptportalen treppte man das Gewände in die Mauertiefe ab, so dass zurückspringende Nischen entstanden, in die man später Säulen stellte. Der innere Halbkreisbogen des Türfeldes, das sogenannte Tympanon, erhielt figürlichen Schmuck. Zunächst handelte es sich um ornamental verzierte Fresken und später um Figurenreliefs. Das mit eingestellten Säulen und Figuren trichterförmig gestaltete spätromanische Portal deutet bereits auf das tiefenräumlich gebildete gotische Portal. Das in die Fassade eindringende Gewände schuf einen Portalraum, über dem sich die Archivolten baldachinartig erheben konnten.

Das gotische Portal setzt sich aus dem Türpfeiler, dem in einzelne Register unterteilten Tympanon, den Archivolten und

Straßburger Münster: Tympanon des mittleren Westportals. Hier steht Meister Alan mit seinen Schülern. Im Zentrum die „Kreuzigung“ über dem Skelett.

dem Gewände zusammen. Die Reihenfolge entspricht der thematischen Gliederung: Der Türpfeiler gibt mit seiner Figur das Portal-Thema vor, das im Tympanon entfaltet wird. Die Archivolten dürfen als Begleit- oder Rahmenszenen, die auf das Thema bezogen sind, bezeichnet werden. Schließlich stehen im Gewände Apostel und/oder Ortsheilige, die den Gläubigen in die Kirche begleiten.

Ungeduld breitete sich unter den Schülern aus. Der Magister verhielt sich ruhig, sagte kein Wort. Manchen bereitete dieses Stein-Spektakel nur Langeweile. Andere schauten zunächst interessiert in die Archivolten, dann wieder zum Lehrer. Verständnislos schüttelten sie den Kopf. Nur wenige entdecken etwas, deuteten mit den Händen in die Höhe, wollten den Mitschülern eine Figur zeigen, einen Ziegenbock, einen

Hund oder einen Walfisch. Alan, der Magister, hatte seinen Platz vor dem Mittelpfeiler unter den Archivolten gefunden. Interessiert beobachtete er seine Schüler. Erste lästerliche Worte über die erhabenen Statuen im Gewände wurden laut. Dann bemerkte er verschämtes Grinsen beim Anblick des Bocks mit dem aufgerichteten Glied und dann das erstaunte Ausrufen von Wolfram: „Ein Skelett unter dem Kreuz des Herrn!"

Bewusst hatte sich der Magister zurückgehalten. Denn was konnte ihm Besseres passieren, als dass die Neugier wuchs und die Schüler ihn zu fragen begannen, nicht umgekehrt? Auf diese Weise konnte er sich auf das Erleben und Wahrnehmen seiner Zöglinge einlassen, um ihnen das Lesen eines gotischen Portals und damit das Verständnis der Heiligen Schrift nahe zu bringen. Er musste nicht lange auf die erste Frage warten:

„Was hat es mit dem Totengerippe auf sich, das im Hügel unter dem Heiligen Kreuz liegt?"

Leicht zu beantworten. Der Lehrer erzählte die Geschichte von Adams Tod und dessen Beisetzung, vom Schößling, der über seinem Grab vom Sohn Set gepflanzt wurde. Ein Baum wuchs heran und entwickelte sich zu einer mächtigen Zeder, die man Jahrhunderte später, als Christus auf der Erde weilte, fällte. Aus ihr schlug man das Kreuz, an dem der Heiland sterben sollte.

Runde, offene Münder. Alle schauten gebannt nach oben und verfolgten die Ereignisse der Legende. Doch offensichtlich verstanden sie noch nicht, was diese Geschichte mit dem Skelett zu tun haben sollte. Allmählich wandten sie sich wieder ihrem Lehrer zu. „Sind das die Knochen Adams, nur weil eine Zeder …?"

Fragen wurden laut. Die Unruhe wuchs. Doch der Lehrer hielt seinen Kopf in die Höhe gerichtet, als wollte er andeuten, dass nur dort oben die Antworten zu finden seien. Plötzlich sprang Edwin, der Metzgerjunge, vor, streckte die Hand in die

Höhe und wies auf die äußeren Archivolten rechter Hand: „Dort oben, Adam und Eva! Der Sündenfall! Darunter die Vertreibung aus dem Paradies und das mühsame Leben des ersten Menschenpaares auf der Erde!"

Beifällig nickte Meister Alan. „Adam und Eva haben die Sünde in die Welt gebracht. Mit seinem Martyrium erlöst uns Christus und öffnet den Gläubigen die Pforten des Paradieses am Tage des Jüngsten Gerichts." Mit dem Skelett unter dem Kreuz weise sich Jesus als der Neue Adam aus. Und mit der christlichen Kirche und ihrer Heilsbotschaft sei eine neue Menschengeneration entstanden. „Und Maria", fuhr er fort, während er hinter sich auf den Mittelpfeiler deutete, „wird in den exegetischen Schriften als die Neue Eva angesehen, da sie den Erlöser geboren hat. Sie ist auch die Patronin unseres Münsters."

Paulus hatte in den Römerbriefen den in den Sündenfall verstrickten Adam als negatives Gegenbild zu Christus dargestellt. Adam repräsentierte die vorchristliche Menschheit, während Christus durch seine Passion den „neuen Menschen" ermöglichte. Nach der Auferstehung machte sich Jesus auf den Weg, um aus der Hölle das erste Menschenpaar zu befreien und es der christlichen Gemeinschaft zuzuführen. Daraus wurde die „Adam-Christus-Parallele" konstruiert, um die Barmherzigkeit Gottes in der Einheit von Altem und Neuem Bund unter Beweis zu stellen.

Eine abstrakte Thematik, die im Mittelalter mit Hilfe sakraler Bildwerke derart anschaulich gemacht werden konnte, dass auch junge Schüler diese exegetischen Gedanken nachzuvollziehen vermochten. Möglich waren diese pädagogischen Schritte, die Heilsbotschaft über symbolische Bezüge zu vermitteln, aber nur auf der Grundlage einer tiefen Gläubigkeit, die den mittelalterlichen Menschen erfüllte. Hinzu kam, dass sie über ein ausgeprägtes metaphorisches und ikonisches Bewusstsein verfügten, das ihnen die Sprache der Bilder offenbarte – weniger die eines Textes.

Die Heilige Schrift war als Codex in Klosterbibliotheken für gelehrte Männer und Frauen, die des Lesens und Schreibens kundig waren, verfügbar. Die Bürger kleinerer und größerer Städte suchten ihre Gotteshäuser auf, um sich im wahrsten Wortsinn ein Bild von der Bibel zu machen. Ausstattung und Schmuck der Kathedralen betrachteten die Gläubigen allerdings nicht unter dem für uns selbstverständlichen Aspekt der visuellen Sinnesfreude – also keinesfalls als ästhetische Objekte –, sondern als konkrete Darstellung des göttlichen Heilsplans. Dabei konnten sie unterscheiden zwischen den Objekten und Bereichen der Anbetung und den figurenreichen Erzählzonen biblischer Ereignisse. Heiligenbilder in Kapellen oder das Kreuz über dem Altar dienten dem Gebet oder der Gottesmeditation. Glasfenster, Fresken oder Skulpturen entfalteten den ganzen biblischen Kosmos, ein Panorama des Heiligen Landes mit seinen Wundern, Freuden und Schmerzen. Die Heilige Familie war nicht entrückt, sondern stand vor den Betrachtenden als Beispiel für Gehorsamkeit, Gerechtigkeit und Buße.

Unser Magister bewegte sich demnach in einem Wahrnehmungs- und Verständnisumfeld, das ihm die Demonstration komplexer biblischer Sachverhalte erlaubte. Folgen wir seinem Weg durch die Bildwelt des Kathedralportals.

Das war die erste Lektion. Nur zu gut wusste der Lehrer, dass nun die Aufmerksamkeit verstärkt dem linken Teil des Tympanons galt. Längst hatte er das Feixen und die verschämten Blicke zum aufgerichteten Ziegenbock bemerkt. Ihm war klar, dass er seinen Schülern die Antwort auf Fragen nach der Bedeutung dieser merkwürdigen Figur nicht schuldig bleiben durfte.

Für den pikanten „geilen Bock" hatte er als erfahrener Schulmeister verschiedene Erklärungswege parat. Zunächst einmal galt es, die sachliche Ebene zu erreichen. Mit anderen Worten: Der Bock musste entschärft werden. Mit einer Handbewegung brachte er seine Schüler, die sehnlich auf seine Erklärungen warteten, zum Schweigen.

„Der Bock hat sich aufgerichtet. Das seht ihr. Wem wendet er sich zu?“ Die Antwort kam unverzüglich. Freimut, der Sohn des Schneiders, trat vor:

„Er schnappt nach einem Mann, der sich erhängt hat.“ Und ein anderer Schüler: „Das ist Judas, der unseren Heiland verraten hat für eine Hand voll Silberlinge.“

„Aber warum ein Bock, und dazu noch in dieser unzüchtigen Haltung?“ erwiderte der Lehrer. Stille. Dann klang es zaghaft aus der Menge: „Ist das der Bocksbeinige, der Teufel, der Judas in das verdiente Höllenfeuer werfen wird?“

„Richtig! So könnte der Bock gedeutet werden und sein Glied als ein Zeichen der Geilheit, was auf die Lüsternheit und Gier des Judas verweist, der seinem Herren die Treue gebrochen hat.“

Stilles Staunen und ungeteilte Aufmerksamkeit. Diese Situation nutzte der Lehrer:

„Übrigens könnt ihr in diesem Register des Tympanons das Gegenstück zum lüsternen Bock sehen. Wer es als erster findet, hat eine Frage frei!“ Sofort schoss ein Arm in die Höhe. „Der Hund, der treue Hund hockt ganz rechts vor einem Zimmer, in dem Personen versammelt sind …“

„Das ist der Heiland mit seinen Jüngern“, kam es von einem anderen. „Aber der ist doch schon tot …“, warf ein weiterer Schüler ein. Omo, sein Nachbar, schüttelte den Kopf. „Auferstanden. Christus ist auferstanden und besucht seine Freunde, das sind die Jünger, und das hat mir alles mein Vater erzählt!“

„Stimmt genau!“, ergänzte Edwin. „Jesus lebt, obwohl er tot ist. Er könnte, wenn er wollte, hier über den Platz marschieren und ein Wunder verrichten.“

Schmunzelnd bot Meister Alan seinen Schülern Einhalt, um sie wieder zum Thema zurückzuführen. „Was hat der Hund mit dem Ziegenbock zu tun?"

„Zum Glück nichts", so die spontane Antwort von Wolfram. „Der Hund bedeutet Treue und Gehorsam gegenüber unserem Heiland und der Heiligen Schrift. Der Bock aber verkörpert die Lüsternheit und den Ungehorsam. Der Bock, das ist der Teufel."

Der Ziegenbock galt im Mittelalter wegen seines üblen Geruchs, seiner Hörner und seiner „zügellosen Lustanwandlungen" als Vorstellungsbild für Menschen, die auf Grund ihres verderblichen Lebenswandels dem Teufel verfallen waren. In vielen Darstellungen kam der Leibhaftige selbst „bocksbeinig" daher. Das Wort vom „geilen Bock" bezog sich im Mittelalter auf zügellose und gierige Personen. Ursprünglich bedeutete „geil" nichts anderes als „fröhlich" und „lustig", erfuhr dann aber im Laufe des hohen und späten Mittelalters einen Bedeutungswandel in die angedeutete negative Richtung: Geil meinte unkeusch, unzüchtig und lustbesessen. Von Hugo von Trimberg (1230–1313) stammen die Verse:

> den pfaffen wart das mittel teil
> daz machte sie fraezic und geil.

> „Fraezic" – also zusätzlich auch noch gefräßig …

Einem spätmittelalterlichen Schwank entnehmen wir die Zeilen:

> ain schon jungs gails weib, die under der gurtel
> ist hungerig und geitig …

Nicht nur hungrig, sondern auch geitig, was so viel wie „gierig" bedeutet.

Straßburger Münster: Rechte Archivolten des mittleren Portals der Westfassade. In der zweiten Archivoltenreihe von rechts „Jonas schlüpft aus dem Walfisch".

Der Teufel in der Gestalt eines Ziegenbocks greift also nach der verlorenen Seele des unglücklichen Judas. Beifällig nickten die Schüler. Der hat seinen Herren verraten und nichts anderes verdient. Soll er in der Hölle schmoren! „Du hast eine Frage frei", wandte sich der Pädagoge an Wolfram, der als erster den Hund im Tympanon bemerkt hatte. Der überlegte und erinnerte sich an seinen Freund Falko, der, kurz nachdem sie das Portal erreicht hatten, auf den riesigen Fisch gewiesen hatte. „Ich möchte zu gerne wissen, was es mit dem riesigen Fischmaul, aus dem ein betendes Männlein schaut, auf sich hat." Wolfram deutete hinauf in die Archivolten. Falko nickte ihm zu, andere Schüler wiegten die Köpfe. Edwin, der nur mit den Schultern zuckte, meinte beiläufig: „Das könnte doch der Walfisch sein, der einen Seemann verschluckt und später wieder ausgespuckt hat."

„Wohl wahr! Das ist der Prophet Jonas, der drei Tage im Bauch des Wals schmachtete, bevor er – geläutert zum rechten Glauben – wieder das Tageslicht sehen durfte", ergänzte Meister Alan.

„Aber warum drei Tage?" fuhr er fort und schaute in die Runde. Schweigen.

Meister Alan hob den Arm und deutete auf die Kreuzigung:

„Erinnert euch an die Passion unseres Herrn! Was geschah nach der Kreuzigung?“

„Die Kreuzabnahme!“, tönte es aus der Schülerschar.

„Und danach?“

„Die Grablegung!“

„Was folgte dann?“

„Die Auferstehung.“

Plötzlich sprang Falko unvermittelt vor: „Am dritten Tage ist der Herr auferstanden. Er befand sich wie Jonas drei Tage in der Dunkelheit des Sarges!“

Heute konnte der Lehrer mit seinen Schülern und mit sich selbst zufrieden sein. Mit einer ausführlichen Erzählung von Jonas und dem Walfisch beschloss er die Unterrichtsstunde unter dem Portal. Gebannt lauschten die Jungen und erfuhren von den Erlebnissen des alttestamentarischen Propheten. Furchtsam weigert sich Jonas, den Auftrag des Herrn auszuführen, nämlich die Botschaft vom Untergang des sündigen Ninive zu verkünden. Er flieht und sucht Unterschlupf auf einem Schiff, das weit aufs Meer hinaussegelt. Dem Zorn Gottes entgeht er jedoch nicht. Ein Sturm tobt und droht, das Schiff zum Kentern zu bringen. Die Besatzung beschließt, um sich zu retten, Jonas zu opfern und wirft ihn ins Meer. Ein Wal schwimmt herbei und verschluckt den zum Tode Geweihten. Das rettet ihn, denn im Bauch des Fisches findet Jonas zur Seelenstärke zurück und gelobt, die Prophezeiung Gottes zu überbringen. Der Wal hält auf die Küste zu und spuckt den Geläuterten aus.

In seinem dreitägigen Walfisch-Gefängnis avancierte Jonas zum alttestamentarischen Gleichnis für die Grabesruhe Christi vor seiner „Auferstehung am dritten Tage“.

Diese fiktive Unterrichtsstunde unter dem gotischen Portal ist durchaus übertragbar auf vergleichbare Portalzonen anderer Kathedralen, da diese ähnlich gelesen werden können. Vermutlich sind die Portalprogramme unter dem lehrhaften Aspekt entworfen worden – nicht von Handwerkern, sondern von Geistlichen. Gelehrte Mönche machten sich demnach an die Arbeit, die von den Kirchenvätern oft hervorgehobene Forderung, die Kirche möge auch pädagogischen Zwecken dienen, zu erfüllen, indem sie so etwas wie einen „didaktischen Portaltypus" entwickelten. Das Prinzip war denkbar einfach: Sie spannten „Interpretationsfäden" zwischen den verschiedenen Teilen des Portals nach dem Vorbild der „biblia pauperum". Die das Tympanon rahmenden Archivoltszenen beziehen sich auf die Darstellungen in den Registern des Bogenfeldes und schildern die im Alten Testament verzeichneten heilsgeschichtlichen Voraussetzungen für das im Neuen Testament entfaltete Erlösungswerk. Die Mönche schufen also mit der formalen Anordnung der Portalteile ein Interpretationsraster, das als didaktische Erklärungshilfe fungierte.

Die Lehrstunde im gotischen Portal des Straßburger Münsters steht im Kontext des mittelalterlichen Schulwesens, dessen Bildungsbegriff nicht nur auf Wissensvermittlung, sondern auch und besonders auf die moralische Erziehung zielte. Es ging um das Erreichen sittlicher Reife, die nur über Disziplin zu erlangen war. Der Theologe und Philosoph Hugo von St. Viktor aus dem 12. Jahrhundert gab das Bildungsziel für Novizen vor und schrieb:

> Disziplin ist die gute und ehrenhafte Lebensweise, der es nicht genug ist, nichts Böses zu tun, sondern die sich bemüht, dass auch das, was sie gut macht, rundherum untadelnswert erscheint.

Übrigens hängt der Begriff „Disziplin" sinnfälliger Weise eng mit dem lateinischen „discipulus" (Schüler) zusammen. Notker Balbulus, Mönch, Lehrer und Bibliothekar im Kloster von

St. Gallen im 9. Jahrhundert, verdeutlicht dieses pädagogische Generalziel „Disziplin“ anschaulich in seinen „Gesta Karoli Magni“, den Anekdotenerzählungen über Karl den Großen. Er berichtet, wie Karl die Klosterschule besucht, um den Lerneifer der Schüler zu überprüfen:

> Die Knaben aus mittlerem und niederem Stand brachten nun wider Erwarten die ihren gesüßt mit jeglicher Würze der Weisheit, was die Vornehmen aber boten, ließ kalt durch lauter Albernheit.

Karl lobte und ermutigte die fleißigen Schüler und schalt die Überheblichen:

> Beim Himmelskönig, ich mache mir nichts aus eurem Adel und eurer Schönheit, mögen auch andere euch darum bewundern, und seid dessen sicher, wenn ihr nicht rasch eure bisherige Gleichgültigkeit durch Strebsamkeit wiedergutmacht, dürft ihr nie von Karl etwas Gutes erwarten.

Hier handelt es sich nicht um ein historisches Ereignis, sondern mehr um eine didaktische Lehrfabel, die auf die Bedeutung der ethischen Persönlichkeitsbildung verweist. Möglich, dass der Lehrer Notker solche Fabeln für seinen Unterricht ersann. Das motivische Vorbild dieser Karls-Anekdote findet sich bei Matthäus im Gleichnis von den törichten und den klugen Jungfrauen. Während sich die Klugen ernst und sittsam ihrem Führer Jesus anvertrauen, gesellen sich die Törichten, dümmlich lächelnd und graziös sich bewegend zum „Fürsten der Welt“, dem Teufel.

Vielleicht hatte unser Magister in Straßburg dieses Thema ebenfalls auf dem Programm, was nahe liegend gewesen wäre, da in der Nachbarschaft zum Hauptportal das südliche Nebenportal dieses neutestamentarische Gleichnis im Gewände vorstellt. Möglich auch, dass er mit mahnenden Blicken auf hochmütige Schüler Notkers Anekdote erzählte.

Vielleicht war Alan mit seinem Unterricht so erfolgreich, dass der Bischof auf ihn aufmerksam wurde und ihm eine Stelle an der Kathedralschule anbot. Diese Institutionen entstanden im 12. Jahrhundert und bildeten bald die Grundlage der Universitäten, die sich dem Einfluss des Bischofs erfolgreich entziehen konnten. Die Scholaren und Magister schlossen sich zu Körperschaften zusammen, die ähnlich strukturiert waren wie die städtischen Zünfte. Doch autark blieben sie nicht. Rom, beziehungsweise der Stuhl Petri, war mächtig. Nachdem die Universität in Paris ihre Freiheiten gegenüber dem König und dem Bischof hatte durchsetzen können, mussten sie, um ihren universitären Status zu halten, vom Vatikan anerkannt werden. Papst Innozenz III. bestätigte im Jahre 1150 offiziell die Statuten der „universitas magistrum et scolarium parisiensium". Der Preis war hoch und sollte in seinen Ausmaßen erst später erkannt werden. Es wurde den Pariser Lehrern nicht nur empfohlen, sondern geboten, die Lehren des Aristoteles nicht zu verbreiten. Das war der Beginn der päpstlichen Einflussnahme auf die Lehrpläne. Ferner förderte der Vatikan dem päpstlichen Stuhl hörige Professoren aus der Riege der Bettelorden. Sie wurden mit der Unterstützung des Papstes geradewegs in die Universitäten eingeschleust.

Dieses strenge Reglement änderte sich erst mit dem Erscheinen des Albertus Magnus im Jahre 1240. Trotz aller Verbote lehrte er die Naturphilosophie des Aristoteles und konnte diese ungeheuerliche Übertretung päpstlicher Vorschriften vor dem Heiligen Stuhl wohl begründen, so dass man ihn gewähren ließ. Er, der damals schon hoch geachtete Dominikaner, hätte kaum als Ketzer angeklagt werden können.

Die Bauhütte

Gründungsgeschichten. Finanzierung. Magister Operis. Steinmetzzeichen. Der Grundriss entsteht. Wilhelm von Sens. Entwurfspläne. Baubetrieb. Mit Meister Erwin im Münster. Beim Steinmetzen Wendelin

In der Nacht des 5. Augusts im Jahre 352, der ein glühend heißer römischer Sommertag vorausgegangen war, erschien dem Papst Liberius und gleichzeitig dem Patrizier Johannes die Heilige Jungfrau Maria im Traum. Sie trug dem Stellvertreter Gottes und sinniger Weise dem vermögenden römischen Adligen auf, ihr zu Ehren eine Kirche zu bauen. Den Standort, ließ sie die Träumenden wissen, hatte sie bereits ausgewählt. Das Gotteshaus sollte sich auf einem der sieben Hügel Roms erheben, und zwar auf demjenigen, auf den am frühen Morgen Schnee gefallen sein würde.

Wie ein Lauffeuer verbreitete sich am nächsten Morgen die Kunde in der Stadt, dass die Kuppe des Esquilins mit einer Schneehaube bedeckt war. Der Papst eilte zum Ort des Wunders und traf dort den Patrizier Johannes, der erstaunt auf die Form des Schneefeldes wies. Sie bezeichnete exakt den Grundriss einer Basilika. Die Kirche wurde erbaut und erhielt den Beinamen „Santa Maria della Neve". Später erhob man den 5. August zum Fest „Mariae Schnee", und nach dem Konzil von Ephesos im Jahre 431 erhielt die Kirche den Namen „Santa Maria Maggiore", den sie heute noch trägt.

Viele Gründungsgeschichten von Kirchen gehen auf Legenden zurück, um den besonderen Ort des Gotteshauses zu erklären. Denn um diese Frage ging es schließlich, als Kaiser, Könige, Bischöfe oder Kanoniker zusammenkamen, um den Standort für den Kirchenbau auszuwählen. Legenden verklären nachträglich das Bauvorhaben und sorgen für sakrale Vorschusslorbeeren. In den meisten Fällen aber handelte es sich ausschließlich um pragmatische Gründe, die für die Grundsteinlegung maßgeblich waren.

Der rastlose irische Mönch Kolumban, so berichtete der italienische Chronist Jonas von Susa, zog auf seiner Wanderung durch Europa von Gallien in die Poebene und ließ sich zu einem Ort führen, der nach antiker Überlieferung Bobbio hieß. Dort soll in frühester christlicher Zeit eine Petruskirche gestanden haben, die jedoch längst verlassen worden und verfallen war. Kolumban erreichte Bobbio, nahm die Überreste des Kirchengebäudes in Augenschein und beschloss, zusammen mit seinen Gefährten einen Neubau in Angriff zu nehmen. Das war im Jahre 612, dem Gründungsjahr des Klosters Bobbio.

Die Lage des Klosters war gut gewählt. Der kleine Bergbach gleichen Namens floss an dieser Stelle in die Trebbia. In der Fastenzeit konnten die Mönche Fische fangen. Die Gewässer und das fruchtbare Umland sorgten ebenfalls für günstige landwirtschaftliche Bedingungen.

Die Wahl des Ortes mittelalterlicher Kirchen hing in den meisten Fällen von einer günstigen Topografie oder einem urbanen Umfeld ab – wichtige Voraussetzungen für wirtschaftliche Perspektiven. Das galt nicht nur für entlegene Klosterkirchen, sondern auch für Kathedralen in größeren und kleineren Städten. Hierbei spielte der Faktor „Vorgängerkirche" eine entscheidende Rolle, da hochmittelalterliche Städte häufig Jahrhunderte zuvor eben auch nichts anderes als entlegene Siedlungen mit einer kleinen Kirche oder Kapelle gewesen waren.

Einen solchen Weg vom keltischen Siedlungshügel über den frühmittelalterlichen Kirchberg bis zum gotischen Münsterberg können wir in Konstanz nachvollziehen. Spuren auf dem zentralen Stadthügel deuten auf eine keltische Besiedlung hin, die auf das 2. Jahrhundert v. Chr. zurückgeht. Die

Römer errichteten im Verlauf der ersten Hälfte des 1. Jahrhunderts n. Chr. ein Castrum, das später im Laufe des 3. Jahrhunderts zu einem Burgus, einer umfassenden Befestigungsanlage, ausgebaut wurde. Um 600 richtete man in Konstanz einen Bischofssitz ein, was ein bereits bestehendes Gotteshaus vom Range einer Domkirche – in welcher Form und Größe auch immer – wahrscheinlich macht. Die Vita des heiligen Gallus weist jedenfalls auf eine kurz nach 600 erbaute Domkirche hin, die der Heiligen Muttergottes geweiht war. Dass diese als erster Vorgängerbau unseres Münsters gelten kann, ist möglich, doch durch Funde nicht nachgewiesen. Das älteste bauliche Zeugnis ist die Krypta aus der Zeit um 780, an der noch im 10. Jahrhundert unter Bischof Lambert gebaut wurde. Er veranlasste auch den Neubau der Ostteile und der Vierung zusammen mit einem Querhaus.

Nach dem Einsturz des Langhauses zu Beginn des 11. Jahrhunderts begann wieder eine rege Bautätigkeit. Das Langhaus gewann an Höhe, die Querhausarme wurden aufgestockt, und um 1100 errichteten Bauleute an der Westfassade einen Turm. Damit war der Kernbau des heutigen Münsters weitgehend fixiert.

Wir wollen die einzelnen Bauphasen, die sich noch viele Jahrhunderte hinzogen, jetzt nicht detailliert verfolgen. Hier geht es vielmehr um die mittelalterliche Bautätigkeit, die sehr intensiv gewesen ist und ein Licht auf die wirtschaftliche Situation der Stadt wirft. Der „Modus Liebinc“, ein Spielmannslied aus dem 10. Jahrhundert, berichtet beispielsweise von der intensiven Handelstätigkeit Konstanzer Kaufleute. Damals blühte der Fernhandel auf, was im Lied in der Figur des „Schneekindes“ beschrieben wird, das übers „Meer an fremde Gestade“ zieht. Tatsächlich gelang Archäologen der Nachweis einer Hafenanlage aus dem 10. Jahrhundert. Die finanziellen Mittel für den Ausbau der einstigen Domkirche und der Krypta dürften demnach vorhanden gewesen sein.

Etwas verhalten schlug der Stiftsherr an die mit Intarsien geschmückte Holztür. Ein Diener des Bischofs begleitete ihn in den Saal, wo der Gast, dessen Brust das silberne Bildnis der Heiligen Jungfrau zierte, schon den Kanoniker bemerkte. Der hatte bereits in einem der Sessel Platz genommen. Sein kahler Schädel glänzte wie ein Spiegel, und sein Gesicht schien mit Öl gesalbt. Kostbarer grauer Pelz schmückte die Ärmel der schlichten Kutte, deren Kapuze von einer kunstvoll geschmiedeten Brosche mit der Darstellung der Kreuzigung zusammengehalten wurde.

Endlich betrat der Bischof den Saal. Er entledigte sich des Phrygiums, einer kegelförmigen Mütze, und strich mit der Linken über die mit Kreuzzeichen verzierte Schmuckbinde, das Pallium. Tief seufzend setzte er sich, begrüßte die Anwesenden lediglich mit einer flüchtigen Geste und kam sofort zur Sache: die Finanzierung eines umfassenden sakralen Bauvorhabens, nämlich der im Stil der neuen Zeit angemessenen Vergrößerung seiner Domkirche. Der Bischof wurde deutlich: Er denke gar nicht daran, erklärte er den beiden Gästen, sein eigenes Kapital zur Verfügung zu stellen. Und während er noch nervös über das Rationale vor seiner Brust, die Stoffplakette mit zwölf runden Erhebungen, den Symbolen der zwölf Stämme Israels, tastete, schauten Kanoniker und Stiftsherr einander an. Mit dieser Aussage hatten sie gerechnet, und nun hofften sie, dass der Bischof auch ihre Entscheidung, die mit der seinigen identisch war, respektiere.

Diplomatie war angesagt, um den würdigen Gottesmann nicht zu verärgern. Also ergriff der Kanoniker das Wort und wies auf die ungebrochene Spendenbereitschaft der Zünfte hin. Nur müsse der Bischof eben dem Volk im Zuge des Erweiterungsbaus eine wundertätige Reliquie anbieten. Doch der Bischof winkte ab. Reliquien seien schließlich Mangelware, woher solle man sie denn nehmen – es sei denn ... Der Stiftsherr, der den Gedanken des Bischofs erriet, ergriff das Wort.

Ritter Elmar von der benachbarten Burg Hohenfels dürfte doch über eine gewisse Anzahl mehr oder weniger bedeutender Reliquien verfügen. Immerhin hatte sein Großvater im Heiligen Land gegen die Ungläubigen gefochten. Der Bischof müsse die Reliquien nur als wundertätig anerkennen. Aber genau dagegen hatte sich dieser bisher hartnäckig gesträubt. Mit einer solchen Reliquie, fuhr der Kanoniker fort, könne man einen Mönch auf Reisen schicken, der das göttliche Wunder des heiligen Objekts dem Volke offenbarte und bei dieser Gelegenheit um Spenden für das neue Haus der Heiligen Jungfrau bitten möge.

Unwillen zeigte sich im Gesicht des Bischofs, dennoch stimmte er dem Vorschlag der beiden zu. Die Gäste atmeten auf. Der Einsatz ihres Privatvermögens war nicht zur Sprache gekommen – noch nicht. Nun galt es, mit dem Ritter zu verhandeln.

Glücklicherweise verlief diese Mission erfolgreich. Ritter Elmar von Hohenfels übergab dem Stiftsherrn ein Stück Stoff vom Tuch der Heiligen Veronika, nachdem dieser einen günstigen Bescheid der Heiligen Kirche zugesichert hatte. Die ganze Stadt kam zusammen, als der Bischof vor dem Domportal die Reliquie in einem eigens dafür angefertigten Kästchen präsentierte und die Wunderkraft nach eingehender Prüfung pries. Glücklich könnten sich die Bewohner der Stadt schätzen, in der Nähe einer solchen Gottesgabe zu leben, und fortan sollten sie keine Gelegenheit verpassen, für die neu zu errichtende Burg Gottes großzügig zu spenden. Anschließend übergab er einem Mönch das Kästchen und schickte ihn in die weite Welt.

Die Finanzierung einer Bischofskirche erfolgte nur zu einem ganz geringen Teil durch die Bischöfe, Kanoniker oder Stiftsherren, es sei denn, sie griffen tief in ihre eigene Tasche. Die Kirchenherren waren also auf großzügige Spenden angewiesen, die von reichen Bürgern der Stadt erbracht wurden. Die Geldmittel flossen in die so genannte „fabrica“, die Bauhütte, zu der auch die Kasse gehörte, die von geistlichen Finanzleuten verwaltet wurde. Häufig handelte es sich dabei um jährliche Einnahmen, die über Jahrzehnte erfolgten. Das setzte gutes Einvernehmen zwischen den Bürgern und dem Klerus voraus, was natürlich nicht immer gegeben war. Vom Reimser Kathedralbau wird beispielsweise berichtet, dass er in den Jahren von 1233 bis 1235 ins Stocken geriet, da reiche Handwerker und Kaufleute mit der Kirchenpolitik des Bischofs nicht einverstanden waren. Um finanzielle Engpässe zu überwinden, mussten die Bischöfe kirchlichen Landbesitz wie Felder oder Wälder verkaufen, letztere auch und besonders wegen des für den Gerüstbau notwendigen Holzes.

Nicht selten kam es wegen Blitzeinschlag und daraus resultierenden Feuersbrünsten zum Abbruch der Bauarbeiten. Ganze Kirchenpartien fielen Bränden zum Opfer. War das Gottes Wille? Ein Fingerzeig des Himmels, der zur Demut und Opferbereitschaft aufrief, wie die Gottesmänner in feurigen Predigten den Gläubigen nahe brachten.

Solche Fälle erhöhten die Spendenbereitschaft verständlicherweise erheblich, so dass bald nach dem Unglück prächtiger und in noch größeren Dimensionen weitergebaut werden konnte. Ein derartiges Ereignis ist für Chartres überliefert. Ein wilder Feuersturm ergriff in der Nacht vom 9. zum 10. Juni 1194 die Kathedrale und große Teile der Stadt. Hunderte von Häusern sanken in Schutt und Asche. Von der Kathedrale blieben nur Grundmauern und vereinzelte Pfeiler übrig. Wie durch ein Wunder blieb das berühmte „Sancta Camisia“, das Heilige Hemd, das die Jungfrau Maria bei der Geburt ihres Sohnes trug, unversehrt. Diese kostbarste Reliquie Frankreichs, die Karl III. von Aachen nach Chartres gebracht hatte, konnte den Flammen nur widerstehen, weil Gottes schützende Hand über sie wachte. Das war ein Himmelszeichen.

Predigten wurden gehalten, die dieses Wunder priesen. Dank- und Bittprozessionen sowie Wallfahrten zum Ort des Mirakels fanden statt.

Keine Frage, innerhalb kürzester Zeit kam eine ungeheuere Menge an Geld und Baumaterial zusammen sowie zahlreiche Hilfskräfte, die sich in Erwartung der Vergebung vergangener und künftiger Sünden freiwillig zur Arbeit meldeten.

Reliquien waren ein probates Mittel zur Geldbeschaffung von Kirchenbauten. Wenn ein Ort über eine mehr oder weniger bedeutende Reliquie verfügte und ein größeres Bauvorhaben in Angriff nehmen wollte, dann wurden Kleriker mit dem wundertätigen Objekt ausgestattet und auf Reisen geschickt. Sie beschworen die Heil- und Wunderkraft ihres einzigartigen geheiligten Gegenstandes und stellten ihn für Segen oder Heilung verheißende Berührungen zur Verfügung – selbstverständlich nur gegen eine entsprechende Spende. Die Reisen waren lang und gefährlich. Das wussten die Gottesmänner. Häufig, so wird berichtet, fielen sie Strauchdieben oder Piraten zum Opfer. Wenn sie auch am Leben blieben, so verloren sie doch ihr Hab und Gut. Aber wenn ihnen die Reliquie blieb, konnten sie ihre Reise in der Hoffnung einer glücklichen Heimkehr, die am Reichtum ihrer Spendenbörse gemessen wurde, fortsetzen.

Bleibt noch die letzte Frage nach der Spendenbereitschaft der Könige und des Adels. Diese beschränkte sich in den meisten Fällen auf die Innenausstattung der Kirche. Wenn es allerdings um ausgesprochene Königsbauten wie Pfalzen oder Paläste ging, dann war die Bereitstellung großer Summen eine Selbstverständlichkeit – häufig zum Unwillen der Patrizier, von denen der König den Löwenanteil erwartete und einforderte.

Welche Person oder Personengruppe kann nun als Bauherr und Auftraggeber, beziehungsweise als Organisator des Vorhabens bezeichnet werden? Der Bischof war es nicht, auch wenn es sich um den Bau einer Bischofskirche, also einer Kathedrale, eines Münsters oder Domes handelte.

Hausherr einer Kathedrale war das Kapitel der Kanoniker, eine Art Körperschaft von Geistlichen, die mit bestimmten Rechten ausgestattet waren. Sie waren befugt, den Bischof einer Diözese zu wählen und ihn nach der Wahl in seiner Arbeit zu unterstützen. Dazu gehörte eben auch, für den Bau einer Kathedrale Geld aufzutreiben. Nachdem also das Projekt initiiert war, ging es darum, geeignete Personen für die Organisation und Ausführung zu gewinnen.

Kathedrale – griech. cathedra = Sitz – bezeichnet die Kirche des Bischofs und gilt als Hauptkirche des Bistums oder Erzbistums. Dieser Name setzte sich in England und Frankreich durch. In Deutschland ist der Name **Dom** – lat. domus dei = Haus des Herrn gebräuchlich geworden. Vor allem in Süddeutschland taucht der Name **Münster** – lat. monasterium = Mönchskloster – für die Bischofskirche auf, obwohl er genuin für Stifte, Klosterkirchen und Domstifte verwendet wird.

Die Quellen sprechen häufig von einem „architectus“ und meinen damit nicht die Werkmeister, sondern Personen, von denen die Bauabsicht und die Vermittlung der Bedeutung des Bauvorhabens stammten, den Bischöfen und Kanonikern. Diese damals übliche Bezeichnung ist dem Neuen Testament entnommen, in dem der Apostel Paulus im ersten Korintherbrief schreibt: „Ich nach Gottes Gnade, die mir gegeben ist, habe den Grund gelegt als ein weiser Baumeister ...“. Tatsächlich ist damit der Bau der christlichen Kirche, der „ecclesia spiritualis“ gemeint.

In vielen Miniaturen und illustrierten Codices sind Darstellungen vom Baubetrieb einer Kirche zu sehen. Der Bauherr, eindeutig durch Kapuze und Kutte als Geistlicher gekennzeichnet, hält die Schlüssel in Händen. Ihm gegenüber steht der Werkmeister, in der Amtstracht seiner Zunft gekleidet, einer Lederkappe und einem Rock mit Gürtel, in dem ein Messer steckt. In der Hand hält er einen Messstab, ein Richtscheid oder einen Bodenzirkel. Den Bauverwalter dagegen erkennt man meistens an nur einem Objekt, seinem Geldbeutel. Bei diesen drei Personen handelt es sich um Entscheidungsträger, wie wir heute sagen würden. Der Verwalter, in manchen Quellen als „magister operis", also Baumeister, und in anderen Quellen treffender als „provisor fabricae", also Leiter der Bauhütte, bezeichnet, regelt die Finanzen, kümmert sich um die Beschaffung des Baumaterials und beschäftigt sich mit dem Rechnungswesen. Das Trio wird schließlich vervollständigt durch die für die Ausführung wichtigste Person, den Werkmeister, der ebenfalls „magister operis" genannt wird, allerdings mit dem Zusatz des „artifex", der ihn ausweist als handwerklich ausgebildeten Meister, der über besondere Kenntnisse und Kunstfertigkeiten seines Faches verfügt.

Der Werkmeister ist für die technische Konstruktion und die Ausführung verantwortlich. Er stellt sein Bauteam zusammen, die Maurer, Steinmetzen, Bildhauer, Zimmerleute und Hilfsarbeiter. Bei diesem „magister operis" kann es sich beispielsweise auch um einen verdienstvollen Steinmetzmeister handeln, dem das Amt des Bauführers übertragen wurde. Er achtet nicht nur auf die Einhaltung des Zeitplans oder den zeitlich entsprechenden Einsatz seiner Mitarbeiter, sondern steht mit seinem Namen auch für die Güte seiner Arbeit ein, was in erster Linie seine Handwerker wie Maurer oder Zimmermann betrifft. Ferner entlohnt er die ihm unterstellten Arbeiter. Das setzt eine enge Zusammenarbeit mit dem „magisterium", dem Sitz des Verwalters voraus. Der Verwalter seinerseits muss seine Befugnisse kennen und diese gegebenenfalls mit dem Bauherrn absprechen.

Ein solches Geflecht von Zuständigkeiten galt es, transparent zu halten, um eine erfolgreiche Bausausführung zu gewährleisten. Aus diesem Grund wurden Verträge ausgehandelt, die detailliert die Aufgabenbereiche und die Besoldung festlegten. Diesen Verträgen kann man unter anderem entnehmen, dass die Bauhütte von zwei gleichberechtigten Personen, dem Verwalter und dem Meister, geleitet wurde. Im Interesse der Sache achteten sie darauf, sich über jeden strittigen Punkt einig zu werden.

Dass die soziale Peripherie des Arbeitsalltags ebenfalls rechtlich geregelt wurde, belegen die in einem Vertrag verzeichneten Sonderkonditionen des Werkmeisters. Ihm stand beispielsweise zu, seine Mahlzeit zusammen mit dem Abt einzunehmen – allerdings nur eine bestimmte Menge und vorher festgelegte Arten von Speisen.

Werfen wir noch einen Blick auf den „magister operis", den Werk- oder Baumeister, wie er in unterschiedlichen Urkunden genannt wird. Es waren die städtischen Ratsmitglieder, die ihn für ein Jahr wählten und ihm den Aufgabenbereich, der von Stadt zu Stadt unterschiedlich ausfiel, zuwiesen. Im einen oder anderen Fall wurden die Werkmeister nach Ablauf ihrer Dienstzeit weitervermittelt. Es konnte auch vorkommen, dass die Stadt einen besonders tüchtigen Steinmetzen nach Beendigung des Arbeitsverhältnisses in den Rang eines Werkmeisters erhob und ihn für Bauvorhaben in Städten oder Gemeinden verpflichtete, mit denen enge politische oder kirchliche Kontakte gepflegt wurden.

In anderen Fällen mochten die Stadtväter mit dem Baufortschritt nicht zufrieden gewesen sein, so dass sie beschlossen, den Werkmeister zu entlassen.

Ein solcher Fall mochte im 14. Jahrhundert in Ulm vorgelegen haben. Die Planung und Ausführung des Münsters lag in den Händen der damals berühmten Parler-Bauhütte. Sie experimentierte mit dem Hallenschema, um mehr Raum in der Kirche zu schaffen, indem sie die Höhe der Seitenschiffe der des Mittelschiffs anpasste. Damit war das seit langem bewährte basilikale Modell entscheidend abgewandelt – nicht immer zur Zufriedenheit der Auftraggeber. Von 1377 bis 1391 waren die Parler mit den Ulmer Arbeiten betraut. Dann lösten sie ihre Bauhütte auf. Die Ulmer Stadtväter beriefen ein Jahr später einen neuen Werkmeister, Ulrich Ensinger. Er verwarf den Parler-Plan und wandelte die Halle in eine Basilika um. Seine Pläne wurden auch von seinen Nachfolgern, seinem Schwiegersohn Hans Kuhn (1417) und seinem Enkel Kaspar Kuhn (1434) fortgesetzt. Dass man an der „Ensinger-Sippe" seitens der Ulmer Stadtväter festhielt, bezeugt deren Zustimmung zur grundlegenden Planänderung und wahrscheinlich auch die Ablehnung des Parler-Konzepts.

Ulrich Ensinger ließ sich nach dem Ulmer Gastspiel, das immerhin sieben Jahre dauerte, in Straßburg verpflichten, um die Planung und Arbeit am Münsterturm zu übernehmen.

Die Baumeisterfamilie der Parler

Heinrich von Gmünd, Stammvater der Familie, arbeitete vor seiner Tätigkeit in Schwäbisch Gmünd, wo er das Hallenschema entwickelte, um 1320 am Kölner Dom. Heinrichs Sohn, Peter Parler, wurde 1353 von Karl IV. nach Prag berufen, um den Dombau weiterzuführen. Von Peters fünf Söhnen übernahmen sehr wahrscheinlich Wenzel und Johann die Leitung der Prager Dombauhütte. Wenzel zog im Jahre 1400 in die Dombauhütte nach Wien und erhielt 1403 das ehrenvolle Amt des Werkmeisters am Mailänder Dom. Vor Antritt seiner Tätigkeit verstarb er. Ein Johann von Gmünd führte Mitte des 14. Jahrhunderts ebenfalls das Parler-Zeichen. 1359 baute er den Chor des Freiburger Münsters, und auch im Zusammenhang mit Bauarbeiten am Baseler Münster wurde er erwähnt.

Wir können die Wege von Werkmeistern durch Europa an Hand ihrer Steinmetzzeichen verfolgen. Nicht nur an großen Kathedralen, Domen oder Münstern, sondern auch an intimen gotischen Dorfkirchen sind Zeichen an Säulen oder Wänden angebracht, die an anderer Stelle, sei es an einem Münsterturm oder im Portal einer Kathedrale, wieder auftauchen.

Die Identifikation dieser Zeichen, die zum größten Teil variabel und nur wenig konstant sind, ist nicht immer einfach. Innerhalb einer Baumeisterfamilie oder Bauhütte ändern sich die Zeichen dadurch, dass an nachfolgende Familien- oder Hüttenmitglieder immer wieder neue Zeichen vergeben werden, die oft nur eine geringfügige Modifikation der vorangehenden Zeichen darstellen.

Im Einzelnen mag das folgendermaßen vor sich gegangen sein: Kurz vor seiner Lossprechung und Ernennung zum Gesellen wählt der Lehrling ein Zeichen, das sich grafisch in das seines Meisters oder der Bauhütte eingliedern lässt. Das neue Zeichen wird von der Zunft überprüft und vergeben. Sollte dieser Geselle selbst Meister werden, dann sind zwei weitere Modifikationsarten möglich:

Seine Söhne oder andere Familienmitglieder werden Baumeister.

Er bildet Lehrlinge aus.

Im ersten Fall werden die Zeichen nur geringfügig verändert. Im zweiten Fall übergibt er sein Zeichen an den Lehrling, damit dieser eine neue grafische Variante einfügen kann. Demnach kann man also eine Gruppe von Steinmetzzeichen nach Grundfiguren ordnen, um den Gang oder die Vergabe von Zeichen gewissermaßen „rückwärts“ zu gehen, da jedes „wandernde“ Zeichen grafisch differenziert wurde.

Versuchen wir einmal, dem Steinmetzzeichen-System an einer Gruppe spätgotischer Kirchen in Südwestdeutschland auf den Grund zu kommen. Zunächst geht es um stilistische

Fragen bezüglich der Zugehörigkeit zu einer Bauhütte. In der Bronnweiler Marienkirche nahe Reutlingen fällt im Chor ein typisches Baumotiv der Parler-Bauhütte auf: Der mittlere Strebepfeiler des Chors liegt auf der Mittelachse des Kirchenschiffs. Der Blick wird „geteilt". Er verteilt sich auf zwei Chorfenster, wodurch die Helligkeit des Raumes eine beträchtliche Steigerung erfährt.

Viele Parlerbauten sind nach diesem ungewöhnlichen Chorkonzept gestaltet, wie z. B. die Theynkirche in Prag (1365) oder das Freiburger Münster (1354). Eine weitere Eigentümlichkeit entdecken wir im Bronnweiler Chor, und zwar in einem Sternengewölbe, das über zwei Kuppelschalen ausgebreitet ist und zwei Schlusssteine erforderte. Einer vergleichbaren Kuppelstruktur begegnen wir wieder in Ulm und in Landshut.

Die Steinmetzzeichen an der Turmtür der Bronnweiler Marienkirche geben Aufschluss über die Herkunft dieser Baumotive. Es lassen sich vier Grundtypen differenzieren, die übereinstimmen mit Zeichen aus Landshut (St. Martin) und der Parlerkirche in Schwäbisch Gmünd, gemeint ist die Heilig-Kreuz-Kirche, sowie mit Zeichen der Bauhütte der Ensinger und der Böblinger. Letztere arbeiteten unter anderem auch am Ulmer Münster. Damit wäre eine Traditionslinie angedeutet, die auch den motivischen und stilistischen Beobachtungen entspricht. Mit anderen Worten: Der spätgotische Bronnweiler Chorbau war so etwas wie ein architektonisches Experiment, ausgeführt von Architekten, die den bedeutendsten Bauhütten entstammten.

Lassen wir uns also von den Zeichen die Wege weisen: Das Zeichen 1c könnte über 2c auf 3a, also auf die Parler verweisen. Daraus ließe sich Folgendes ableiten: Ein Steinmetzmeister der Parler-Bauhütte in Schwäbisch Gmünd wurde nach Bronnweiler gesandt, um dort die Bauleitung zu über-

Steinmetzzeichen

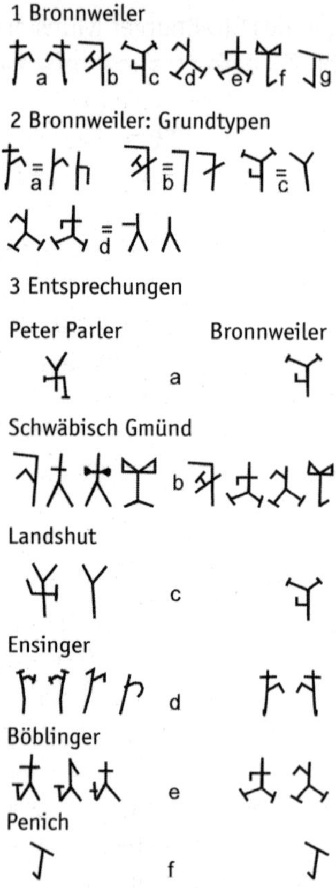

nehmen. Diese Annahme wird gestützt durch den Umstand, dass der Chorbau von Bronnweiler mit der Endphase des Baus der Gmünder Heilig-Kreuz-Kirche zusammenfällt.

Ähnlich lassen sich auch die Übereinstimmungen der Zeichen zwischen den Ensingern (1a, 2a, 3d) und Böblingern (1e, 2d, 3e) mit Bronnweiler deuten. Die Ensinger-Zeichen sind überall dort gefunden worden, wo Bauleute dieser Hütte gearbeitet haben, wie z. B. in der Esslinger Frauenkirche, im Ulmer Münster und am Straßburger Turmoktogon. Unter den Böblingern ist besonders Lux oder Lukas interessant, der ab 1482 in Ulm und ab 1485 in Esslingen nachweisbar ist. Bald wurden die Arbeiten von seinem berühmten Bruder Matthäus fortgesetzt. Dessen Steinmetzzeichen (3e) – es taucht häufig in gerahmter Form auf – verweist ebenfalls darauf, dass Meister und Gesellen seines Umkreises in Bronnweiler tätig waren.

Schließlich wäre noch das Zeichen 3f zu erwähnen, das zu einem Meister führt, der als einzige Person für den Bronnweiler Chorbau namhaft zu machen ist: Im Zusammenhang mit der Jahreszahl 1455 und dem Namen „penich“ hat man dieses Zeichen im Chor der Marienkirche von Meimsheim und – ohne Jahreszahl – am Turmoktogon des Straßburger Münsters gefunden. Die Ähnlichkeit ist verblüffend, so dass anzunehmen ist, dass ein Meister Penich in Bronnweiler gearbeitet hat.

Die Tabelle erhellt die Zirkulation von Baumeistern im südwestdeutschen Raum und weit darüber hinaus, wenn man Prag, Mailand und Straßburg berücksichtigt. Sie macht zugleich auch deutlich, dass alle Zeichen auf die Keimzelle der spätgotischen Architektur verweisen, auf die Bauhütte der Parler. Um diesen Kern kreisten die Ensinger und die Böblinger zusammen mit ihren Bauleuten, Gesellen und Lehrlingen. Je nach finanzieller Situation könnten die Bauhütten in Absprache mit dem Bauherrn Architekten in die eine oder andere Stadt oder in eine Dorfkirche entsandt haben. Hier profilierte sich dann möglicherweise ein Geselle, der später als Meister hervortrat.

Die Maria-Schnee-Legende von Rom hat nicht nur auf die Gründungsmodalitäten einer Kirche aufmerksam gemacht, sondern auch auf die Vorgabe des Grundrisses der später Santa Maria Maggiore geweihten Kirche. Angenommen, der Ort für den Kirchenbau war gefunden – welches war der nächste Schritt?

Sicherlich ging es jetzt um die Fixierung des Grundrisses, die Vermessung also. Wieder sind es mittelalterliche Buchillustrationen oder Wand- und Deckengemälde, die uns über die Methoden Auskunft geben. Kein geringerer als Gottvater selbst hat es vorgemacht. Als Baumeister der Welt vermisst er den Kosmos mit einem Bodenzirkel – dargestellt in einer Reimser Bible Moralisée aus dem 13. Jahrhundert. Bevor Gott an sein Siebentagewerk ging, machte er sich offensichtlich zunächst eine Planskizze auf dem Reißboden – dafür wurde jedenfalls der Zirkel verwendet. Raffiniert angelegte Chorpolygone, die mit einem Chorumgang und einem Kapellenkranz versehen waren, mussten zunächst mathematisch konstruiert werden, bevor die Bauleute sie im Gelände für die Anlage der Grundmauern fixierten.

An der Decke der Unterkirche von St. Klemens in Schwarzrheindorf bei Bonn erkennt man einen bärtigen Baumeister, der um eine Stadt ein Seil gewunden hat. In der Hand trägt er einen Stab. Es handelt sich hier um die Illustration der Vision Ezechiels aus dem Jahre 1156 von der Vermessung des Neuen Jerusalem. Das Seil wurde in der Bauhütte „Knotenschnur" genannt und der Stab „Messlatte" – beide Instrumente dienten zum Abstecken des Grundrisses. Und das ging folgendermaßen vor sich, wie einem Dokument zum Bau des englischen Zisterzienserklosters Vale Royal zu entnehmen ist: Am 6. März des Jahre 1278 standen zehn Männer bereit, den Schnurwurf zu vollziehen. Die Knoten- oder Richtschnur, „linea" genannt, wurde ins Gelände geworfen, nach dem vorher abgesteckten Grundriss ausgerichtet und an Pflöcke, so genannten „paxili", gebunden, so dass man mit der Vermessung beginnen konnte.

In einer weiteren mittelalterlichen Illustration sind zwei Frauen zu sehen, die mit einem Messstab, einem Winkel, dem so genannten Richtscheid, einem Bodenzirkel und einer Schablone hantieren. Mit Hilfe des Richtscheids, der „regula", und dem dreiteiligen Dreieck, dem „triangulum ternarium", sollte die Gradlinigkeit und der exakte rechte Winkel gewährleistet werden. Denn, wie Leon Battista Alberti in seiner Architekturtheorie Mitte des 15. Jahrhunderts ausführte, wurden noch vor dem Aushub des Fundaments „die Ecken der Grundfläche und alle Seitenlinien auf das sorgfältigste immer wieder" überprüft und gekennzeichnet.

Die in der Illustration dargestellte Schablone zeigt einen Chor mit Kapellenkranz. In Zusammenarbeit mit dem Bodenzirkel konnten die Architekten die Chorpartie umreißen. Nachdem das Gelände vermessen war, begannen sie mit dem

Aushub des Fundaments. Für diese Arbeit waren viele Hilfskräfte erforderlich – für die englische Abtei Vale Royal 44 an der Zahl, wie Günther Binding nachweisen konnte.

Manchmal fehlte es an Wasser, das für das Mischen des Mörtels notwendig war. So schaufelten 200 Mann in der genannten Abtei-Baustelle „Wälle und Gräben für einen Teich, von dem Wasser zum Bauplatz geleitet werden kann, um Mörtel zu machen."

Um die künftige Kathedrale entstand bald ein kleines innerstädtisches Dorf, in dem die vielen Handwerker und Hilfsarbeiter untergebracht waren. Für die Errichtung von Stein- und Holzhäusern mussten eigens Zimmerleute und Maurer eingestellt werden. Wichtig für die Herstellung und Wartung von Eisenwerkzeugen war der Bau einer Schmiede – nicht nur auf der Baustelle, sondern auch weiter entfernt im Steinbruch, um an einer mit Holzkohle befeuerten Esse das für das Brechen und Schneiden der Steine erforderliche Werkzeug gegebenenfalls zu schärfen und zu reparieren.

Unruhig und grimmig, wie ein Tier im Käfig, ging Meister Wilhelm am Tag seines tragischen Unfalls auf der Baustelle auf und ab. Seine Lederkappe hielt er fest in der Hand. Der kühle Herbstwind, der von der Küste hinauf nach Canterbury wehte, zerzauste sein Haar und wirbelte die Falten seines weiten Umhangs auf. Den Messstab und das Winkeleisen hatte er in seiner Kammer gelassen. Wozu sollte er sie auch bei sich tragen? Seit Tagen verzögerten sich die Arbeiten, da die Transportschiffe mit den so dringend benötigten Steinen vom Kontinent längst überfällig waren. Stürme sollten sie aufgehalten haben. Und vielleicht waren die Schiffe mit der kostbaren Fracht sogar gesunken.

Seit Jahren lebte er, der Franzose aus Sens, nun in diesem merkwürdigen Land mit den fremden Sitten. Zuerst war er erfreut gewesen, hatte sich zutiefst geehrt gefühlt, als er den Auftrag erhielt, den Wiederaufbau der Kathedrale von Canterbury nach dem verheerenden Brand zu übernehmen. Mittlerweile aber bedauerte er seinen Entschluss, die Heimat verlassen zu haben, um auf der Insel zu arbeiten, zutiefst. Fast ein ganzes Jahr war er zur Untätigkeit verdammt gewesen. Den Abriss des Chors hatte er zwar beaufsichtigt, aber dieses Amt hätte auch jemand anderes übernehmen können. Dann fehlte es wieder an Baumaterial. Er hatte sich an die Arbeit gemacht und fertigte Schablonen für die zu behauenen Steine an, die er den Steinmetzen übergab. Dann ersann er komplizierte, aber gut funktionierende Winden, mit deren Hilfe das Baumaterial in die Höhe befördert werden konnte. An die lästigen Auseinandersetzungen mit den Mönchen des Domklosters, die eine typisch englische Variante des Chorneubaus bevorzugten, mochte er nicht mehr erinnert werden. Mit dumpfer Hartnäckigkeit ertrotzten sie die Erhaltung der alten Krypta, was den Abstand der Chorpfeiler festschrieb. Geradezu lächerlich erschien ihm das Ansinnen der englischen Gottesmänner, beim Neubau des Chors die Höhe des Langhauses einzuhalten. Nun denn, mit dem Chor hatte er dennoch ein vollendetes französisches Werk geschaffen, dessen Abschluss endlich bevorstand.

All das ging ihm jetzt durch den Kopf, als er den Kirchenraum betrat und sich der Vierung zuwendete. Immerhin war ihm die viel bewunderte Tat gelungen, das hohe sechsteilige Rippengewölbe dieses Bauabschnittes zu schließen. Damals hatte er notiert:

„Ich setze Schlusssteine für das ganze Gewölbe, weil der Schlussstein, in die Mitte gesetzt, die Teile, woher sie auch kommen, abzuschließen und zu festigen scheint."

Um die trüben Gedanken zu vertreiben, ließ er seine Kappe in den Händen kreisen. Sein Blick schweifte über die marmornen Vierungspfeiler und hinauf in das weit gespannte Gewölbe bis zum unteren, mit zahlreichen Marmorsäulen gegliederten Triforium. Die Fenster, überlegte er, bedürfen noch ihres oberen Abschlusses. Dann wird mit der Arbeit am großen Gewölbe begonnen – wenn es denn so sein soll.

Er wandte sich dem Gerüst zu. Konnte er den englischen Zimmerleuten trauen? Bisher hatten sie vorbildliche Arbeit geleistet. Und so würde es auch dieses Mal sein. Gedankenverloren bestieg er das Gerüst und überwand mittels kleiner Leitern die vielen Etagen bis hinauf zum Gewölbeansatz, um die feste Verankerung der Gerüststangen im Gewände zu überprüfen. Jählings vernahm er ein Knirschen, als würden sich Holzbalken dehnen. Dann schwankte die Plattform, auf der er stand. Er griff zur nächsten Holzstange, doch auch diese gab nach, und im Zeitlupentempo fiel das Gerüst mit lautem Krachen in sich zusammen. Mit ihm stürzte, sich immer wieder verzweifelt an Stangen und Laufbalken klammernd, Wilhelm in die Tiefe.

Kurze Zeit später fanden ihn Bauleute unter dem Stangengewirr. Er gab noch Lebenszeichen von sich. Schwer verletzt wurde er ins Hospital transportiert. Die Genesung dauerte ihre Zeit, und als er endlich, wenn auch beschwerlich, wieder einen Fuß vor den anderen setzen konnte, entschloss er sich, seine Arbeit auf der Insel aufzugeben und wieder in seine Heimat zurückzukehren.

Gervasius, Mönch und Zeitzeuge der Wiederaufbauarbeiten der Kathedrale von Canterbury nach dem Brand von 1174, beschreibt die Gastrolle des französischen Architekten Wilhelm von Sens und seinen tragischen Unfall im September des Jahres 1178, der ihn zur Aufgabe seiner Arbeit zwang. Die Chronik berichtet ebenfalls von seinen Schwierigkeiten bei der Beschaffung von Baumaterialien. War kein Steinbruch in der Nähe, mussten die Steine von weit her geholt werden. Es kam zu Verzögerungen. Facharbeiter wurden entlassen, um Kosten zu sparen. In Canterbury beispielsweise ruhten die Arbeiten ein ganzes Jahr.

Architekten mit neuen Ideen und Konzepten hatten es immer schwer, sich gegen die traditionelle Baukunst durchzusetzen, zumal es darum ging, einen bereits vorhandenen, jedoch durch Brand zerstörten Bau neu zu errichten. In Canterbury waren die Bauherren willens, sich dem neuen französischen Stil zu stellen, und engagierten den französischen Artifex Wilhelm aus Sens, der mit einem großartigen Modell aufwartete. Tatsächlich schuf er, vielen Kompromissen zum Trotz, eine französische Kathedrale über den Grundmauern und Resten eines englischen Vorgängerbaus.

Wilhelm war auf seiner Baustelle mit Messstab und Winkeleisen versehen. Verfügte er aber auch über Baupläne? Sehr wahrscheinlich nicht. Günther Binding hat nachgewiesen, dass bis zur Mitte des 13. Jahrhunderts die Architekten ohne Pläne arbeiteten. Der Werkmeister war inwendig voller Figuren, will sagen, dass er sehr genaue Vorstellungen von seinem Bau hatte – nur eben nicht auf dem Papier. „In mente conceptum" – sein Konzept war ihm bis ins Detail gegenwärtig. Bautyp, Baumotiv und die Dimensionen der Kathedrale standen ihm plastisch vor Augen und gewannen mit ständig fortschreitender Arbeit an Profil. Thomas von Aquin hob in seiner Summa theologica von 1265 hervor, dass der Artifex „bestrebt ist, das Haus der Form anzugleichen, die er im Geiste erfasst hat."

Während der Arbeit entwickelte sich die Bauidee weiter. In dem Maße, in dem der Bau in die Höhe wuchs, verwirklichte sich also das architektonische Konzept. Das führte keineswegs zur Willkür, und der Bauherr musste sich auch nicht sorgen, dass vor seinen Augen ein monströses Bauwerk entstand. In den Verträgen waren Konzeption, Proportion und im Einzelnen auch bestimmte Baumotive festgelegt.

Vor den Zeiten, in welchen ein Werkmeister über Pläne verfügte und mit einer Stoff- oder Pergamentrolle unter dem Arm die Baustelle betrat, um seine Entwürfe auf einem Tisch auszubreiten, begab man sich zusammen mit Handwerkern in die Kirche und ritzte etwa zwei bis drei Millimeter tiefe Grund- oder Aufrisse von Bauabschnitten oder Fenstern an verputzte Wandflächen oder auf den Boden von Terrassen oder Zwischengeschossen. Binding konnte nachweisen, dass diese 1:1-Pläne nicht nur recht genau waren, sondern auch dem Abmessen von Schablonen dienten, die im Laufe des 13. Jahrhunderts immer häufiger Verwendung fanden. Außerdem ließen sich mit Hilfe der Risse Gestalt und Größe der Werksteine überprüfen, bevor sie im Bau eingesetzt wurden.

Die älteste mit Rissen versehene Pergamentrolle ist in Reims entstanden und datiert aus der Zeit um 1250; sie zeigt einen aus drei Portalen sich zusammensetzenden Fassadenaufriss. Das von Villard de Honnecourt, einem französischen Baumeister des 13. Jahrhunderts, verfasste Bauhüttenbuch, das „Livre de portraiture", etwa um 1230 entstanden, enthält auf 33 Pergamentblättern über 300 Federzeichnungen – unter anderem von Ornamenten, Bauten, Konstruktionen oder Maschinen. In diesem für die Entstehungsgeschichte der Kathedralgotik so aufschlussreichen Buch, das seit 1795 unter der Signatur ms. fr. 19093 in der Pariser Nationalbibliothek aufbewahrt wird, lernen wir die Grund- und Aufrissgestaltung von Chören, Fenstern, Wandpartien und Strebepfeiler kennen.

Seit der Mitte des 13. Jahrhunderts waren die Werkmeister mit solchen Plänen ausgestattet. Die Steinmetzen konnten die Dimensionierung und Detailgestaltung ihrer Arbeit überprüfen, und die Zimmerleute und Techniker waren nun in der Lage, den Gerüstbau und die Konstruktion von Kränen besser an den Baufortschritt anzupassen. Schließlich fanden sich auch die Bauherren auf der Baustelle ein, um die neu errichteten Baupartien mit den Entwürfen abzugleichen.

Obwohl viele der Kathedralen gegen Ende des 13. Jahrhunderts kurz vor ihrer Vollendung standen, glichen sie immer noch gigantischen Baustellen. Eltern und Großeltern berichteten ihren Kindern und Enkeln von ihren Erlebnissen auf den weiten Plätzen, auf denen Fassaden und Türme in den Himmel wuchsen. Aber auch sie konnten nur sagen: „Unsere Eltern und Großeltern, sie waren damals Kinder wie ihr, erzählten, wie die Baumeister mit der Arbeit an diesem Wunderwerk begonnen hatten."

Die Schüler trauten ihren Augen kaum: Baukräne mit riesigen Rädern, in die Menschen schlüpften, um sie anzutreiben. Maurer hantierten in Schwindel erregender Höhe. Winzig klein erschienen sie dort oben, mischten Mörtel und setzten einen Stein auf den andern. Rätselhafte Bögen ragten von frei stehenden Pfeilern hinauf zum Ansatz des Daches. Bizarre Gestalten mit offenem Rachen und Drachenflügeln an den Wangen schienen aus den Pfeilern gekrochen zu sein, und böse glotzten sie herab.

Straßburger Münster: Blick zum Vierungsturm. Am Strebepfeiler ragen die Wasserspeier hervor.

Zwar war er bibelfest und literarisch gebildet, doch auf die meisten Fragen seiner Schüler hinsichtlich des Baubetriebs und der architektonischen Konstruktion wusste der Scholar keine Antwort. Aus diesem Grund organisierte er eine Bauführung. Und mit etwas Glück waren nicht nur die Steinmetzen und Maurer, sondern auch der berühmte Werkmeister Erwin höchstpersönlich anwesend. Der Zeitpunkt der Unterrichtsstunde war gut gewählt. Denn heute sollte eine große Ladung Baumaterialien aus den Steinbrüchen der Vogesen auf dem Münsterplatz eintreffen. Über viele kleine Zuflüsse wurden Lastkähne und Flöße mit dem roten Sandstein in die Ill geleitet und nahe dem Münsterplatz unweit der Rabenbrücke entladen.

Vierrädrige Ochsenkarren, Schlitten und Schubkarren warteten am Schiffsladeplatz, der Lände. Schon waren viele Steine zugeschlagen und wurden auf die Karren geladen. Arbeiter hievten die größeren Brocken auf die Schlitten, vor die sie Ochsen gespannt hatten. Kleinere Steine wurden von Hilfsarbeitern auf Schubkarren verladen, um sie zum Münsterplatz zu karren.

Unruhig gingen der Werkmeister und die Steinmetzen auf der Lände umher. Sie inspizierten die Fracht, nachdem sie abgeladen und nach Größe sortiert worden war. War alles beisammen? Reichte die Menge für die nächsten Bauabschnitte aus? Schließlich lagen die Steine auf dem Münsterplatz, wohl sortiert in mehrere Haufen. Und sofort machten sich die Steinmetzen an die Arbeit des Zuschlagens.

Mittlerweile hatte der Werkmeister die Schülergruppe erblickt, begrüßte sie und führte sie zur Westfassade hinüber. Unter dem nördlichen Turm, mit dessen Bau man vor einigen Wochen begonnen hatte, machte er Halt und wies nach oben. Etwa auf halber Höhe des Gerüsts waren mehrere Kräne zu sehen. Ein kleines Modell, das sich am oberen Ende gabelte und mit einer Querstange und zwei Rollen versehen war, diente dem Transport von Mörtel. Gerade hievte ein Maurer einen Korb in die Höhe, stellte ihn ab, klinkte einen leeren Korb ein und ließ ihn wieder herunter. Über eine der zahlreichen Leitern kletterte ein Hilfsarbeiter flink zur Plattform, nahm den Korb in Empfang und trug ihn zu einem Maurer, der mit seiner Kelle Mörtel entnahm und damit die Steine bestrich. Von der anderen Seite eilte ebenfalls über eine Leiter ein Hilfsarbeiter herbei. Auf seinen Schultern trug er einen Stein und setzte ihn vor dem Maurer ab. Zwei weitere Kollegen standen mit dem Lot und dem Hammer bereit, um einen Stein nach dem anderen auszurichten und festzuklopfen. Auf einer benachbarten Plattform hatten Handwerker gerade einen größeren Kran, einen so genannten Galgenkran, aufgebaut und installiert. Über zwei Rollen lief ein starkes Seil zu einem Rad, das zwei Hilfsarbeiter bedienten. Mittels einer Holzpalette oder eines Wolfs, einer dreiteiligen Eisenaufhängung, konnten so größere Steine in die Höhe gezogen werden.

„Seit Wochen scheint die Sonne, es ist warm, und die Arbeiter sind vollzählig. Mit dem Bau geht es voran!“, ließ sich Erwin, der Werkmeister, zufrieden vernehmen. Er winkte die Gruppe hinüber zum südlichen Westportal. „In wenigen Monaten wird auch dieser Teil der Fassade geschlossen sein. Bis dahin haben wir noch die Gelegenheit, in den Innenraum unseres Gotteshauses zu schauen. „Kommt näher“, forderte er die Schüler auf, „ich will euch eine Rätselfrage stellen.“ Scholar und Schüler begaben sich in den trichterförmigen Portalraum. Ehrfürchtig blickten sie in das Kircheninnere: Kreuzrippen, Schlusssteine, Bündelpfeiler und Lanzettfenster waren zwischen den Gerüsten auszumachen. Nach ein paar Schritten in die weitgehend noch ungedeckte Vorhalle deutete Meister Erwin auf einen riesigen länglich-flachen Quader von augenfälliger Asymmetrie. Nach hinten spitzte er sich pfeilförmig zu, seine Spitze war abgerundet. Ebenfalls abgerundete Stege ragten seitlich heraus. Wie ein irreguläres Puzzleteil erschien das Ganze.

„Welche Funktion, glaubt ihr, hat dieser Stein?“ Als er den leeren Blick in den Augen der Jungen wahrnahm, merkte der Werkmeister an: „Ihr könnt das herausbekommen, wenn ihr euch die Strebepfeiler im Innenraum anschaut.“ Einige der Schüler wagten es. Sie verteilten sich im Kirchenraum, inspizierten die Pfeiler. Und nach einer Weile kam Wolfram, der Bäckersjunge, herbeigelaufen: „Ganz vorne vor dem Chor ha-

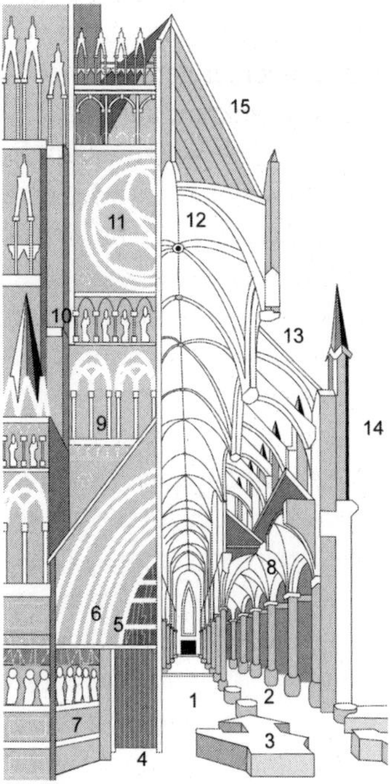

1. Mittelschiff
2. Seitenschiff
3. Portalpfeiler (Schnitt)
4. Portal
5. Tympanon,
6. Archivolten
7. Gewände mit Gewändefiguren
8. Seitenschiffsarkaden
9. Maßwerkfenster
10. Königsgalerie
12. Kreuzgrat- oder Kreuzrippengewölbe
13. Strebebogen
14. Strebepfeiler
15. Dach

be ich so etwas Ähnliches entdeckt. Die Mauer geht wie eine Säule in die Höhe. Runde Wülste und eckige Formen sind da zu sehen, wie Stangen und Latten an die Säule geheftet. Und an einer Stelle geht die Säule über in die Wand vom Chor…“

„Gut beobachtet!“, unterbrach ihn der Werkmeister. Und indem er auf den fraglichen Quader deutete, fuhr er fort: „Das hier ist der Grundstein für den Portalpfeiler. Seine Unregelmäßigkeit ergibt sich aus dem Grundriss der gesamten Westfassade. Ein Teil des Quaders geht über in das Gewände des Portals. Und nachdem ein Stein über den anderen geschichtet ist, bilden die abgerundeten Spitzen die Stäbe, wie du sie genannt hast. Wir bezeichnen sie als Dienste. Sie gruppieren sich um den Pfeilerkern. Die steinerne Latte, die ebenfalls nach oben strebt, hat von uns den Namen Pilaster bekommen. Davor wird später ein kunstfertiger Bildhauer einen Heiligen setzen, die so genannte Portalfigur."

Dann kam der Werkmeister auf die äußere Gestaltung des Steins, seine Profilierung, zu sprechen. „Dienste, Pilaster und Hohlkehlen sind an allen Steinen angebracht, die übereinander geschichtet werden – bis zur entsprechenden Höhe. „Dort oben" – er wies mit der Hand in die Gewölbezone – „gehen die Dienste in Rippen über und verzweigen sich im Gewölbe, dem so genannten Kreuzrippengewölbe."

Inzwischen waren die Schüler in der Kirche angelangt. Vor einer Säule hielten sie inne und blickten in die Höhe. Deutlich konnten sie den Pfeilerkern und die darum herum gruppierten Dienste ausmachen, die vor ihrer Verzweigung von vorkragenden Platten aufgehalten werden. „Wir mussten einen Übergang vom Pfeiler zum Gewölbe schaffen und entschieden uns für eine traditionelle Form, die so genannte Kapitellzone. Ein architektonischer Bruch, wenn man so will: Hier hört der Pfeiler auf, und über den Platten beginnt das Gewölbe aufzusteigen. Ihr könnt Grate und Rippen erkennen, die in die Höhe streben. Das Kapitell mit seinen zahlreichen Einschnitten, die wir Verkröpfung nennen, überführt das Profil des Bündelpfeilers in einer entsprechenden Variante ins Gewölbe."

„Mir wird schwindlig!" Edwin, der Metzgerjunge senkte seinen Kopf und holte tief Luft: „Wie soll das Ganze überhaupt halten? Ich meine, das schwere Gewölbe mit allen diesen Steinen und Rippen drückt auf die aufgefächerten Pfeiler. Irgendwann stürzt das Gewölbe doch ein ..." „Und nicht nur das", ergänzte Meister Erwin. „Das schwere Gewölbe drückt nicht nur nach unten, sondern auch zur Seite. Es entwickelt einen Seitenschub und droht, die zarten und mit vielen hohen Fenstern durchlöcherten Wände auseinander zu wuchten."

Stützsystem eines gotischen Gewölbes:
1 Strebepfeiler,
2 Kreuzgratgewölbe,
3 Dachstuhl

„Genau!", meldete sich ein anderer Schüler zu Wort. „Die Wände sind eigentlich gar keine. Sie sehen eher aus wie Rahmen für die Fenster. Allmählich frage ich mich, ob wir hier nicht in Gefahr sind. Vielleicht ist das Gerüst die einzige Stütze für das Gewölbe." Mit zustimmendem Gemurmel machten sich seine Kameraden auf den Weg hinaus in die Sonne. Der Werkmeister folgte und konnte den Scholaren beobachten, der sichtlich irritiert seine Schüler vor dem Portal zur Ordnung rief. Verlegen wichen sie dem Blick des Werkmeisters aus. „Glaubt ihr, ich baue eine Kathedrale, von der ich nicht sicher bin, dass sie Jahrhunderte fest auf dem Boden stehen bleibt, ohne Schaden zu nehmen? Da wäre ich ein schlechter Artifex, wenn ich nicht um diese Gefahren wüsste." Stille und erstaunte Gesichter. „Aber ihr habt Recht mit euren Vermutungen", fuhr er fort, „und ihr habt gut beobachtet. Doch ich kann euch beruhigen. Ich habe das Problem gelöst. Das heißt, nicht ich war es, sondern viele bewährte Baumeister vor meiner Zeit, die sich mit der komplizierten Statik des Kathedralbaus auseinandergesetzt haben."

Er drehte sich um und wies zur Südflanke des Münsters, wo die Strebebögen wie Arme von den vor den Seitenschiffen angebrachten Pfeilern hinauf zum unteren Ansatz des Daches griffen und dort mit dem Mauerwerk fest verbunden waren.

„Diese Bögen sind es“, so der Baumeister, „die uns die Angst vor einem Einsturz des aus vielen tausend Steinen und zahlreichen Rippenkreuzen zusammengesetzten Gewölbes nehmen. Der Seitenschub wird über die Strebe- oder Schwippbögen in die Pfeiler geleitet. Die Wände sind entlastet, und für den Senkrechtschub ist der Pfeilerkern tauglich.“

„Was aber“, wagte Edwin kleinlaut einzuwenden, „wenn die Außenpfeiler so schwach sind, dass sie den Seitenschub nicht mehr abfangen können. Wenn etwa das Gewölbe sehr hoch wäre, noch höher als das unseres Münsters – müssten dann nicht diese Pfeiler von weiteren, noch stärkeren Pfeilern abgestützt werden?“ „Du hast vollkommen Recht“, antwortete Meister Erwin anerkennend. „Die Höhe des Gewölbes muss immer im Verhältnis zur Masse und Stützfähigkeit der äußeren Seitenpfeiler stehen. Ich bin sicher, mit unserem Münster haben wir eine gutes und sicheres Verhältnis gewählt.“

Die Katastrophe von Beauvais

Ostern im Jahre 1284: Die Glocken läuten in Beauvais und rufen die Gläubigen zum Gottesdienst. Sie versammeln sich in der noch längst nicht fertig gestellten Kirche im Chor. Sie knien nieder zum Gebet, erheben sich zum Gesang und nehmen Platz auf den Bänken, um der Predigt zu lauschen. Plötzlich vernehmen sie ein Knirschen und Rumpeln im Gewölbe. Der Priester unterbricht seine Lobpreisung Gottes. Erschrocken richtet er seinen Blick in die Höhe. Die Chorpfeiler schwanken, und rasch breiten sich bedrohliche Risse im Gewölbe aus. Unmittelbar darauf folgt ein ohrenbetäubendes Krachen. Die Pfeiler knicken ein, und der obere Bereich der Chorwände klappt nach außen. Tosend stürzt das Gewölbe auf die Gläubigen und begräbt einen großen Teil von ihnen unter sich.

In Beauvais bewahrheitete sich der „Ikarusflug der Gotik“, wie Georg Dehio den entschiedenen Vertikalismus und die unstillbare Sucht der Baumeister nach architektonischen Höhenrekorden nannte. Die Technik, soweit man damals überhaupt in der Lage dazu war, differenzierte statische Berechungen anzustellen, war überfordert. Das äußere Pfeiler- und Bogensystem vermochte die außergewöhnliche Höhe des Gewölbes von 48 Metern nicht abzustützen. Die Steine des Gewölbes arbeiteten gegen die Wände und die Pfeiler und brachten diese und damit sich selbst zum Einsturz.

Höhe des Mittelschiffs vom Boden bis zu den Schlusssteinen:

Straßburg	–	32,5 Meter
Chartres	–	36,5 Meter
Reims	–	38 Meter
Amiens	–	42,3 Meter
Köln	–	43 Meter
Beauvais	–	48,2 Meter

„Sicherlich habt ihr schon längst die monströsen Gestalten an den Pfeilern mit ihren gotteslästerlichen Fratzen entdeckt.“ Meister Erwin wandte sich erneut den Schülern zu. „O ja!“ Falko schnitt eine Grimasse und spitzte den Mund: „Und wenn es regnet, dann spucken sie.“ Ausgelassen nickten die anderen. „Das kennen wir. Das sind Wasserspeier“, ergänzte Omo. „Und vor den Biestern fürchten wir uns wahrlich nicht.“ Breites Grinsen auf den Gesichtern seiner Freunde.

„Wenn ihr so gut mit den Wasserspeiern vertraut seid, werdet ihr mir auch erklären können, wie diese Monstren funktionieren?“ Alan, der Scholar, blickte streng in die Runde. Schulterzucken. „Na, irgendwie läuft da das Regenwasser ab“, erwiderte Wolfram ein wenig mürrisch.

Aufriss des Seitenschiffs mit Abfluss und Wasserspeier

„Ein bisschen komplizierter ist das schon“, meldete sich Meister Erwin zu Wort. „Schaut einmal auf das Dach des Seitenschiffes. Das Regenwasser fließt die Dachschräge nach vorn ab, hinein in die Rinne und zu den Wasserspeiern. Aber leider fließt das Wasser auch nach hinten in einen für uns nicht einsehbaren Raum zwischen Mittelschiffswand und Seitenschiff.“ „Da wird dann wohl auch eine Rinne sein.“ Fragend schaute Edwin Meister Erwin an. „Nicht nur das. Die Rinne ist mit einem Rohr verbunden, das in einer leichten Neigung nach vorn, geradewegs in den Leib des Monstrums führt – bis in seinen Rachen.“ Der Werkmeister blähte demonstrativ die Backen.

Während die Schüler noch an der Südseite des Münsters vorbeimarschierten, verabschiedete sich Meister Erwin. Er empfahl dem Scholar, eine der Werkstätten des Steinmetzen Wendelin aufzusuchen. Dort sei man gerade damit beschäftigt, Maßwerkfenster für das südliche Seitenschiff zu schneiden sowie die Laubpossen und die große Plume für einen Wimperg zu formen. „Eine staubige Angelegenheit“, rief Meister Erwin, „aber es lohnt sich.“ Dann winkte er kurz, drehte sich um und lief mit weit ausholenden Schritten auf die Westfassade zu.

Steinmetz Wendelin, eine kleinwüchsige Gestalt aus dem Sächsischen, begrüßte Schüler und Scholar. Sein weiter Umhang und seine Stoffkappe waren mit einer feinen hellroten Staubschicht überzogen. Und auch auf seinen Augenbrauen fanden sich Partikel des roten Sandsteins aus den Vogesen. „Massenherstellung!", antwortete er auf die fragenden Blicke der Schüler. „Wir sind gerade dabei, eine Serie von Doppelfenstern zu fertigen. Das wird uns für Monate beschäftigen. Aber schaut nur genau zu." Er wies auf eine Gruppe von Arbeitern. „Die Gesellen und Lehrlinge schneiden die Stäbe und bearbeiten mit Hammer, Meißel und Sandpapier das Profil, das sich aus Hohlkehle und Stab zusammensetzt." Einige dieser Basis-Maßwerkstäbe lehnten an der Wand. Daneben waren Schablonen zu erkennen, die den Steinmetzen befähigten, gleichprofilierte Stäbe in größerer Zahl herstellen zu lassen. „Das sind die unteren Stäbe. Für ein Doppelfenster brauchen wir davon genau sechs Stück." Der Steinmetz breitete einen Pergamentbogen aus und zeigte den Schülern die einzelnen Abschnitte eines Fensters. „Die unteren Stäbe werden mit einem Kapitell versehen.

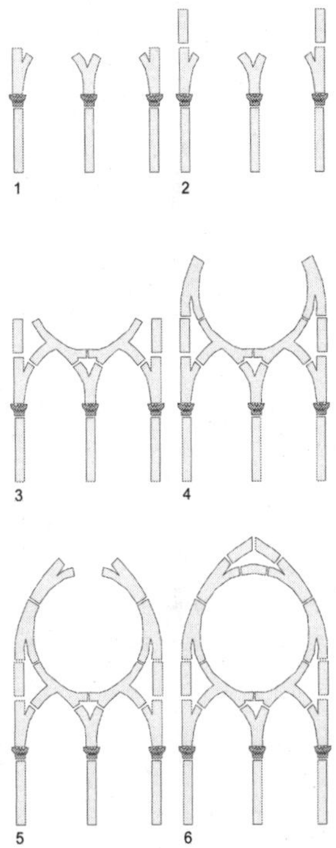

Konstruktion und Bau gotischer Maßwerkfenster (Bauphasen 1–6)

Ich arbeite gerade an einem Modell, das die Gesellen und Lehrlinge mit Hilfe einer Schablone in sechsfacher Ausführung formen."

Indem er zum Münster hinüber deutete, bemerkte Wendelin. „Seht ihr die Gerüste dort drüben in den Fensteröffnungen? Jeden einzelnen Stab passen wir an entsprechender Stelle ein. Dann setze ich die Kapitelle auf den oberen Stabstumpf. Es folgen die Gabelstäbe und die Segmentformen. Auf diese Weise schichten wir von unten nach oben die einzelnen Maßwerkteile auf."

„Und die vielen bunten Glasfenster?" Wolfram wollte es genau wissen. Der Steinmetz lachte. „Vielleicht erlebt ihr das Lichtspiel, wenn ihr alt und grau seid. Ich jedenfalls werde dann schon, so Gott will, vom Himmel hinab auf meine Arbeit schauen." Und mit etwas verhaltener Stimme: „Möge euch ein gottgefälliger König beschieden sein, der tief in seine Schatulle greift, um die Kosten für den Artifex aufzubringen."

Eine Pause entstand, und etwas unschlüssig blieben die Schüler vor der Werkstatt stehen. Wendelin schmunzelte: „Habt wohl noch nicht genug gesehen und wollt einen alten Mann von der Arbeit abhalten." Er zögerte, kniff die Augen zusammen. „Dann wollen wir einmal euren Magister fragen, ob er weiß, was eine Laubposse ist". Erstaunt blickte der Scholar auf. Damit hatte er nicht gerechnet. Denn selbstverständlich kannte er diesen Spezialausdruck nicht. Also hieß es improvisieren: „Laubposse?" Für einen Moment schwieg er. Dann hatte er eine Idee: „Nun, mit einer Posse bezeichnet man doch wohl ein Stück Zierart, ein Ornamentgebilde. Somit dürfte es sich bei einer Laubposse um ein zierliches Gebilde handeln, das einem Laubgebinde ähnelt.

„Oh, euer Magister ist ein gelehrter Mann. Ihr könnt stolz auf ihn sein." Anerkennend nickte Wendelin seinem Gegenüber zu. „Tatsächlich handelt es sich um eine ornamentale Schmuckform, die einem Büschel Laub nachempfunden ist."

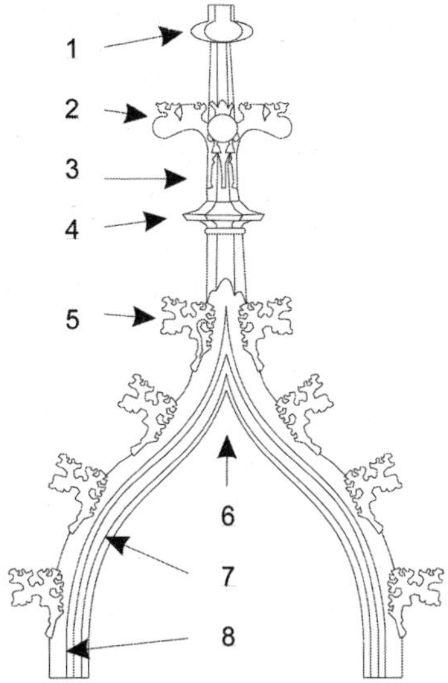

1. Knopf oder Knopflen
2. Große Plume oder Feder
3. Stab
4. Stabplatte
5. Laubpossen mit Schwänzchen
6. Kielbogen
7. Schenkel
8. Plette

Wimperg

Wendelin führte die Schüler hinüber zu einer Gruppe von Lehrlingen, die eifrig kleine Steinbrocken schnitten, behauten und mit Hammer, Meißel und Stichel bearbeiteten. Einige Laubpossen erhielten so genannte Schwänzchen. Sie würden ihren Platz, so Wendelin, später an einem der vielen Ziergiebel, so genannten Wimpergen, über Portalen oder Fenstern finden.

Im Verlauf des 13. Jahrhunderts vollzog sich in Europa der Wandel vom romanischen Quaderbau zum gotischen Steinmetzgliederbau. Dabei ging es vorrangig um kostengünstigere Produktionsformen, die den wirtschaftlichen Verhältnissen der florierenden Städte angepasst waren. Die Mitte des 13. Jahrhunderts von Frankreich importierte konsequente Skelettbauweise, basierend auf der Ausbildung von Maßwerkeinheiten, die mittels Schablonen massenweise hergestellt wurden, waren das Resultat neuartiger technischer Fertigungstechniken. Diese erlaubten die Addition gleicher Elemente in unterschiedlichen Abmessungen, was zeit- und kostensparend war. Der gotische Bauhüttenbetrieb war bestens organisiert und so etwas wie ein Spiegel der städtischen Ordnung.

Das Gesamtkunstwerk

Ein Gesamt aller Künste? Zu Stein gewordene Universalpoesie. Gotik als Mode. Kathedrallandschaft. Der gotische Architekturbaukasten. Lichtmetaphysik. Gregorianischer Choral

Gesamtkunstwerk – was für ein merkwürdiger Begriff! Bezieht man ihn auf ein „Gesamt aller Künste", dann wäre, so Joseph Beuys, alles Kunst, da Kunst als sozialer Organismus alle Erscheinungsweisen dieser Welt umfasst, inklusive den in seiner Erfahrungswelt tätigen Menschen. Alles ist Kunst, nichts ist Kunst – das wäre die logische Konsequenz, ein Kunstbegriff hätte sich erübrigt und damit auch der Begriff „Gesamtkunstwerk". Solche Schlussfolgerungen sind bizarr und kaum tauglich für einen Diskurs über die gotische Kathedrale.

Wenn wir allerdings die Idee vom Gesamtkunstwerk von seiner Geburtsstunde in der deutschen Romantik her begreifen, erhalten wir viele Hinweise, die diesen Begriff für unser Thema anwendbar erscheinen lassen.

In Richard Wagners Schrift „Das Kunstwerk der Zukunft" von 1850 wird die Einheit der Künste beschworen, ein Gedanke, der auf die Romantiker zurückgeht. Friedrich Schlegel prägte den Begriff von der „progressiven Universalpoesie" und zielte damit auf den innigen Zusammenhang von Religion, Kunst und Leben, Wissenschaft und Natur, der sich in der Poesie offenbaren sollte. Getrennte Kunstgattungen galt es, zusammen mit der menschlichen Gesellschaft zu verbinden. Allerdings ist es und war es damals schon schwer vorstellbar, dass dieses Sammelbecken von Kunst und Gesellschaft die Poesie sein sollte. Das war auch den romantischen Dichtern klar, und so suchten sie nach alternativen Konzepten.

Die Oper bot sich an. Diese favorisierte nicht nur Poeten wie Wilhelm Heinse oder E. T. A. Hoffmann, sondern auch und besonders Richard Wagner. Die Architektur gab den Rahmen ab, das Bühnenbild schuf die Illusion, die Aufführung entführte das Publikum in eine ferne Fabelwelt, und die Musik schließlich verzauberte sie, ließ sie zu anderen Wesen mutieren, um an einer höheren Wirklichkeit teilzuhaben. Da der Zuschauerraum, so Wagner, mit der Bühne auf einer Ebene lag, konnte das musikalische Geschehen auf die Menschen in den Rängen übergreifen, um sie mit in das Szenarium einzubeziehen. Sie spielten mit, waren selbst Gestaltende eines umfassenden künstlerischen Prozesses.

Ließe sich die gotische Kathedrale betrachten als eine Art „ästhetisches Opernhaus“ oder als die zu Stein gewordene „progressive Universalpoesie“ Schlegels? Sicherlich nicht. Aber viele Merkmale der Gedanken Schlegels und Wagners lassen sich auf das soziale und artistische Phänomen „gotische Kathedrale“ übertragen.

Folgende Gleichung böte sich an: Die Kathedrale ist ein Sammelbecken von Religion, Kunst und Wissenschaft im Rahmen des menschlichen Sozialraumes. Die wissenschaftlich fundierte Architektur mit ihrer motivisch-bildhaften Gestaltung, die von Gläubigkeit erfüllten Meister und Arbeiter, der Choral der Mönche, der Gesang und das Gebet der Gemeinde dienten einem Zweck, der Entfaltung der Heilsthematik mit dem Ziel, das Himmlische Jerusalem zu erreichen. Alles dreht sich demnach um die Kathedrale als einen Ort der Epiphanie Gottes und dem darauf ausgerichteten Ritus.

Auch noch von einer anderen Seite erhält die gotische Kathedrale als Gesamtkunstwerk ihren spezifischen Sinn, der sie grundsätzlich vom romanischen Dom oder anderen Gotteshäusern späterer Bauepochen unterscheidet. Mit der Kathedrale wurde ein Kunststil entwickelt, der das gesamte zeitgenössische Leben prägte, mehr noch, er avancierte im Rahmen des sozialen Alltags zur Mode. Maßwerk und Spitzbögen, Schmuckformen und Ornamente dienten dem Schneider, Schuster, Kunsthandwerker oder Tischler als Vorbild für Verzierungsvarianten seiner Produkte. Ob kunstvoll bearbeitete Kragen oder Säume, ob spitzbogenmäßig geformte Messergriffe oder mit Miniaturkrabben besetzte elegante Schnabelschuhe, die periphere Alltagskultur orientierte sich am artistischen Erscheinungsbild der Kathedrale.

Das weltfreudige Lebensgefühl des Bürgertums steht allerdings nicht im Widerspruch zur Religiosität. Ganz im Gegenteil: Das so modische Erscheinungsbild der Städte nahm seinen Ausgang von der Kathedrale und verweist auf die enge Verbindung zwischen sakraler und profaner Sphäre. Thomas von Aquin hat das auf eine einfache Formel gebracht:

„Gott erfreut sich aller Dinge, denn jedes stimmt mit seinem Wesen überein."

Damit war die „modische Gotik" oder das in diesem Spektrum betrachtete „Gesamtkunstwerk Kathedrale" theologisch gerechtfertigt. Ob ein filigran geformtes Küchengerät oder eine im abendlichen Sonnenlicht aufglühende Rosette – jedem Artefakt kam eine unmittelbare Beziehung zu Gott zu, mehr noch, es besaß göttliche Würde und Weihe. Die Menschen erfuhren sich also in ihrem sozialen Alltag als Bestandteil des göttlichen Heilsplans, indem sie mit dessen Repräsentanten, ihrer Kathedrale, artistisch verbunden waren. Es fand so etwas wie eine visuelle Kommunikation statt: Die Dinge des täglichen Lebens wie Kleidung, Küchengeräte oder Möbel standen über ihre Gestaltungsweise in direktem ästhetischen Bezug zum Gotteshaus.

Die Kathedrale war demnach mehr als nur ein Spiegelbild ihrer Zeit, sie war Bestandteil des alltäglichen Erfahrungsraumes der Menschen. Als Spiegel verweist sie lediglich auf die wirtschaftlichen Veränderungen. Die sich aus Klerus, Adel und Bauern zusammensetzende mittelalterliche Gesellschaft erhielt Zuwachs durch Kaufleute und Handwerker. Das bedeutete die Zunahme von Wohlstand für das Bürgertum und Macht für die Herrschaft.

Die gotische Kathedrale ist sicherlich nicht als ein Gesamtkunstwerk konstruiert worden, hat sich aber im Laufe der Jahrzehnte und Jahrhunderte zu einem solchen entwickelt. Daran waren nicht nur artistische Prozesse, sondern in erster Linie soziale und politische Umbrüche und Veränderungen beteiligt. Die Entstehung einer gotischen Kunstlandschaft verdeutlicht diese Entwicklung.

In der Provinz Francien, genauer in der Île-de-France mit Paris, der Metropole der Könige im Zentrum, entstand im 12. und 13. Jahrhundert eine faszinierende Kathedrallandschaft. Die Initiatoren waren der „Vater des Vaterlandes", der Reichsverwalter Abt Suger von St. Denis bei Paris und König Ludwig VII. Die gotische Kathedrale, dieses filigrane und fast schon immateriell erscheinende Gebilde, das die Volksreligiosität steigerte und als neue Himmelsarchitektur gepriesen wurde, geriet rasch in Mode und entwickelte sich zu einem Prestigefaktor, der die Macht des Königs und des Klerus förderte. Möglich, dass der französische Kathedralbau dazu beitrug, die Expansionspolitik von König Philipp August um 1200 günstig zu beeinflussen und später, um die Mitte des 13. Jahrhunderts, die Vormachtstellung König Ludwigs IX. des Heiligen in Europa zu festigen.

Die Modeerscheinung „opus francigenum" des damals so genannten französischen Kathedralbaus wird übrigens eindrucksvoll durch das in England schon um 1170 übernommene Baukonzept unter Beweis gestellt. In anderen europäischen Ländern begann man mit der Orientierung an der französischen Bauweise etwa ab den zwanziger Jahren des 13. Jahrhunderts.

Im Gesamtkunstwerk „Kathedrale" finden die unterschiedlichen Kunstgattungen zusammen, die liturgisch genutzt werden, um dem Gläubigen Lebenssinn und damit eine Aussicht auf eine neue, der Erlösung und dem Heil verpflichtete Lebensform zu suggerieren. Das trifft auch für Kirchen anderer Epochen zu.

Doch die Kathedralgotik zeichnet sich durch einen besonderen Faktor aus. Es geht um die Architektur, genauer: um die einzelnen Bauelemente. Die Kathedrale setzt sich aus einer Vielzahl von Baumodulen zusammen, die „exportiert" wurden, so dass es immer wieder zu neuartigen Lösungen in den verschiedenen Bauwerken gekommen ist. Man kann von einem gotischen Architekturbaukasten sprechen, der phantasie- und variantenreich ist:

Laon

Nordwestlich von Reims gelegen. Cathédrale Notre-Dame. In der zweiten Hälfte des 12. Jahrhunderts begonnen. Gegen 1230 vollendet. Die schönsten Westtürme der französischen Kathedralgotik (Villard de Honnécourt).

Laon, ein frühgotisches Beispiel, etwa seit der Zeit um 1180 im Bau, übernimmt das traditionelle Konzept der romanischen Doppelturmfassade. Das Aufrisssystem mit den drei monumentalen Portalen versteht sich aber zugleich auch als Gliederungssystem des Innenraums. Das ist neu, da der romanische Westbau wie ein mächtiges Burgtor, architektonisch weitgehend isoliert, vor das Kirchenschiff gesetzt wurde. In Laon dagegen greift der Außenbau in den Innenraum über und betont die komplexe Einheit zwischen innen und außen. Die weit in den Raum ausgreifenden Portale, die trichterförmig anmutende Tiefe der Fenster und der Rosette sowie die markant ausgebildete obere Galerie stellen einen Typus vor, der in einzelnen Baumodulen auch von anderen Kathedralen und Kirchen übernommen wurde, beispielsweise von der Abteikirche in Braine, einem Ort unweit von Laon gelegen.

Braine

Südlich von Laon gelegen. Saint-Yved-et-Notre-Dame. Ende des 12. Jahrhunderts von den Grafen von Braine gegründet.

In ihren Dimensionen fällt die Kirche von Braine geringer aus. Doch erfuhren viele Bauideen der großen benachbarten Kathedrale interessante Abwandlungen: Die Baumeister versuchten, das Aufrisssystem von Laon auf einen kleineren Maßstab herunter zu skalieren. Sie begrenzten den Wandaufriss auf drei Geschosse und ließen die Empore weg. Dennoch erstaunt die monumentale Wirkung des Baus, was an der Gestaltung der Westfassade von Laon liegen mag, deren Konzept die Baumeister variierten.

Mantes-la-Jolie

Westlich von Paris an der Seine gelegen, Collégiale Notre-Dame. 1170 begonnen und gegen Ende des 13. Jahrhunderts vollendet. Die Kapellen wurden im 14. Jahrhundert angefügt.

Vor einem weiteren Sakralbau, der Stiftskirche in Mantes, unweit der Grenze zur Normandie, scheinen sich die Bauvorstellungen von Paris und Laon zu mischen. Paris scheint mit seiner entschiedenen Horizontalgliederung der Westfassade und der Türme Vorbild gewesen sein, Laon mit seiner Plastizität der Rosette und der sie flankierenden Fenster sowie der ausgeprägten Galerie. Auch der Wandaufriss ist mit dem beider Kirchen zu vergleichen, nur, dass Paris und Mantes auf eine Triforiumszone verzichtet haben, die in Laon für einen aufregenden Höhenzug sorgt. Dagegen vermisst man in Laon die imposanten und raumgreifenden Gewölbekappen von Paris und Mantes.

Paris

Cathédrale Notre-Dame. Grundsteinlegung von Papst Alexander III. im Jahre 1163. Vollendung um 1330.

Die im nahezu selben Zeitraum erbauten Fassaden von Laon und Paris gehen zwar auf denselben Typus der zweitürmigen Westfassade mit Portalzone, Rosette und Galerie zurück, stellen jedoch eine unterschiedliche, wenn nicht gar gegensätzliche Bauauffassung dar. Alles, was in Laon plastisch, raumgreifend und dynamisch wirkt – hier wären in erster Linie die weit vorgezogene Portalzone zu nennen –, erscheint in Paris flach und statisch. Komplexe Baumodule und differenzierte Baudetails lassen demnach unterschiedliche Interpretationen zu, ohne den Stilzusammenhang des „opus francigenum" nachhaltig zu beeinträchtigen.

Soissons

Westlich von Reims nahe Braine gelegen. Cathédrale St.-Gervais-et-Protais. Baubeginn im 12. Jahrhundert. Chor im 13. Jahrhundert vollendet und im 14. Jahrhundert die Fassade errichtet.

In Soissons, einem Ort in der Nähe von Laon, entstand mit dem südlichen Querhaus ein viergeschossiger Wandaufriss ähnlich dem von Laon. Doch schufen die Baumeister etwas durchgreifend Neues. Während man sich in Laon mit einer Pfeilerarkade im Untergeschoss und mit einer Doppelarkade in der Empore begnügte, stellten die Baumeister drei schlanke Arkaden zwischen die Hauptpfeiler des Erdgeschosses, der Empore und der oberen Fensterzone. Die Wand wurde gewissermaßen entmaterialisiert, um dem Licht Zugang zum Raum zu verschaffen. Diese Neigung zur filigranen Auflösung der Wandfläche stellt nun keineswegs ein fortgeschrittenes Entwicklungsstadium Richtung Hochgotik dar, da in Paris fast gleichzeitig etwas völlig anderes entstand, eine Art Verdichtung und Betonung der Wandfläche zu Gunsten einer monumentalen Raumauffassung.

Chartres

Cathédrale Notre-Dame. Vorgängerbau aus dem 11. und 12. Jahrhundert. Neubau nach Brand ab dem Jahre 1194 bis ca. 1220.

Wenn wir mit dem architektonischen Baukasten des „opus francigenum“ vertraut geworden sind, dann erleben wir in Chartres eine wunderbare Zusammenkunft vieler Baukonzepte von Paris und den Kathedralen der Île-de-France. Die tiefenräumlich ausgestalteten Portalzonen des südlichen und westlichen Querschiffs mit den darüber liegenden Rosetten und den seitlichen Fenstern sind der Westfassade von Laon nachempfunden. Das betrifft natürlich nicht die Doppeltürme, die ihren Platz im Westen und nicht an den Querarmen haben. Im Innenraum entdecken wir Bauideen von Soissons. Eine plastisch ausgeprägte Triforiumszone trennt den Obergaden mit den hohen Doppelfenstern von den unteren Arkaden. Die Höhenverhältnisse sind ebenfalls gleich. Dennoch wirkt der Innenraum von Soissons leichter und luftiger, was an den schlanken Pfeilern liegt, die nur mit einem dünnen Dreivierteldienst versehen sind. Chartres Pfeiler wirken schwer und massig, da sie mit kräftigen Pilastern sowie oktogonalen und runden Dreiviertelsäulen umgeben sind. In Paris wähnt man sich schließlich, wenn man den Chor betritt, der einen doppelten Chorumgang wie die Kathedrale der französischen Metropole aufweist.

Reims

Cathédrale Notre-Dame. Begonnen im Jahre 1211. Vollendet 1233.

Amiens

Cathédrale Notre-Dame. Begonnen im Jahre 1220. Nach etwa 40 Jahren vollendet.

Die Chartreser Baumeister haben aber nicht nur ältere Bauideen aufgegriffen und sie abgewandelt, sondern damit auch ein eigenständiges und unverwechselbares Werk geschaffen, das selbst wieder Ausgangspunkt für später erbaute Kathedralen war. Die im Unterschied zu Notre Dame in Paris an den äußeren Chorumgang gesetzten Kapellen tauchen in Reims wieder auf. Der Reimser Kapellenkranz fügt sich allerdings im Gegensatz zu Paris an einen einfachen Chorumgang. Das Reimser Chorkonzept wurde wenig später von Amiens übernommen.

Wir können die Verästelungen des architektonischen Baukastens in viele Richtungen verfolgen und gelangen zu phantasiereichen und manchmal auch komplizierten Varianten einund desselben Baumoduls. Hierin liegt ein Spezifikum des gotischen Baustils. Zugleich kann hierin aber auch ein Kennzeichen der Kathedrale als Gesamtkunstwerk ausgemacht werden. Denn damit ist nicht das einzelne Bauwerk gemeint, sondern die übergreifende Bauidee, die sich in der Kathedralen-Familie manifestierte.

Unter dem französischen König Philipp August (1180–1223) wuchs Frankreich zum wohlhabendsten Königreich Europas heran. An die 80 Kathedralen im „neuen Stil" sind unter seiner Ägide erbaut worden – ein Himmelreich auf Erden? Zumindest war an eine Demonstration des irdischen Gottesreichs mit einer Macht und Reichtum verkörpernden

„ecclesia triumphans“ gedacht. Die in ärmlichen und beengten sozialen Verhältnissen lebenden Menschen nahmen Teil an dieser neuartigen Kathedrallandschaft und sahen sich durch ihre Kirche erhoben. Vielleicht wähnten sie sich sogar an der Stelle des Johannes aus dem Neuen Testament, der, von einem Engel auf den Berg geführt, das Himmlische Jerusalem schaute:

„Und ich, Johannes, sah die Heilige Stadt, das Neue Jerusalem von Gott aus dem Himmel herab fahren, bereitet als eine geschmückte Braut ihrem Mann.“

Im 21. Kapitel der Offenbarung beschreibt Johannes minutiös die einzelnen Bauteile der Stadt. Da ist von hohen Mauern und Toren die Rede, von betörenden Schmuckteilen, die aus Edelsteinen und Perlen gefertigt waren und von Gassen, die „waren lauteres Gold, wie ein durchscheinend Glas.“

Jede Kathedrale versuchte, in ihrer eigenen Art dieser Vision des Johannes gerecht zu werden, um den Menschen ein Abbild des Himmlischen Jerusalem vorzustellen. Architektur, Glasmalerei und Skulptur symbolisierten das künftige Reich Gottes, erzählten biblische Geschichten, stellten Allegorien des alltäglichen und auf die Heilslehre bezogenen Erfahrungsraumes vor und steckten damit den Lebensraum des Menschen ab. Er musste nur hineinschlüpfen, sich demütig und gottgefällig als Schaf der großen Herde verhalten, aber auch als tätiger Christ und unerschrockener Fechter für den Gottesstaat und gegen dessen Feinde auftreten.

Die Kathedrale wurde diesem vielfältigen Sinnbereich gerecht, indem sie die einzelnen Kunstarten unterschiedlich aufeinander bezog.

Wie können die Worte des Johannes greifbar gemacht und in das Leben der Menschen getragen werden? Der Text allein erreicht den Verstand – wenn überhaupt –, nicht aber das von Alltagssorgen oder Ängsten und verlorenen Hoffnungen gepresste Herz. In Chartres betreten die Gläubigen den düsteren

Raum, der mächtig und gewaltig daherkommt. Die aufwärts strebenden Pfeiler, die nach oben sich öffnende Wand und die im sonnigen Licht des Morgens aufglühenden Fenster lassen den Blick unwillkürlich nach oben gleiten. Im nördlichen Querhaus schwebt aus der Rosette der Heilige Geist herab. Im Zentrum thront die Muttergottes, umgeben von Tauben und Engeln. Rot und blau leuchtet und funkelt es aus dem Fenster herab, das wie „geschmückt mit allerlei Edelgestein" anmutet, wie es in der Offenbarung heißt.

Im nördlichen und südlichen Querhaus von Chartres beugte sich nach dem großen Umbau des 13. Jahrhunderts die Architektur der Glasmalerei. Durch die Entfernung von Galerien konnten der Lichtgaden erweitert und große Maßwerkfenster eingebaut werden. Die schwache filigrane Wand erhielt ihre Stütze durch äußere Strebebögen. Das Licht konnte die großartigen, in Buntglastechnik hergestellten Fenster wie nie zuvor zur Geltung bringen. Die zentrale Madonna mit ihrem Sohn auf dem Schoß erstrahlte, und Christus, das Licht der Welt, stieg durch die porta coelis, das Himmelstor, zur Erde herab.

Paris

Sainte-Chapelle. Erbaut unter Ludwig IX., dem Heiligen, ab 1246.

Ein beeindruckendes Zeugnis für das Zusammenspiel von Glas und Architektur bietet die Oberkirche der Sainte-Chapelle in Paris. Der Baumeister der königlichen Schlosskapelle schuf ein Rahmenwerk aus schlanken Diensten, die über einer extrem niedrig gehaltenen Sockelarkatur aufsteigen. Die Fenster scheinen die Wand ersetzt zu haben, und man blickt erstaunt in die Höhe, wo sich ein mächtiges Kreuzgratgewölbe wie ein Baldachin über der dominierenden Fensterzone ausbreitet. Entmaterialisierte Lichtarchitektur! Im Gegensatz zu dem verhaltenen Licht in Chartres, wo die Fenster Mosaiken aus kostbaren Edelsteinen gleichen, treffen wir in der Sainte-Chapelle Buntglasarbeiten mit feinerem Schliff und größeren Flächen an, die eine bunt schillernde Helligkeit erzeugen.

Das Haus Gottes ist transparent geworden. Sein einziger Bewohner deutet sich im „unfassbaren und unerreichbaren Licht" an. So jedenfalls beschrieben frühchristliche Mystiker, allen voran Pseudo-Dionysius Aeropagita, ihre Gottesvorstellung. Diese Metaphysik des Lichts wurde im 12. Jahrhundert erneut aufgegriffen und besonders vom Abt Suger von Saint-Denis bei Paris, dem Protagonisten der gotischen Architektur, reflektiert. In seinen Abhandlungen versuchte der baufreudige Abt den Aeropagiten mit dem Schutzpatron der königlichen Abtei Saint-Denis, d. h. Dionysius, in Verbindung zu bringen. Vielleicht trachtete er sogar danach, die frühchristliche Lichtmetaphysik mittels hoher Lanzettfenster, die von einem kreuzgratgewölbten Gewölbe abgeschlossen werden, für die Gläubigen erfahrbar zu machen.

Die frühchristliche Lichtmetaphysik konkretisierte sich in der mittelalterlichen Lichtästhetik, die sich im Rahmen der diaphanen Wandstruktur einer Kathedrale entfaltete. Der von der Architektur definierte Raum wandelte sich durch die gotische Licht-Choreographie zum göttlichen Raum und wurde als solcher sinnlich greifbar. Solche oder ähnliche Gedanken mochten den Bischof von Lincoln, Robert Grosseteste (ca. 1168–1253), veranlasst haben, die neuplatonische Lichtmetaphysik mit den naturwissenschaftlichen Überlegungen des Aristoteles zu vereinen, um die Erschaffung des Lichts in Zusammenhang mit der Kreation der Engelshierarchien zu bringen. Das in den Kirchenraum einfallende Licht ist von Gott beseeltes Licht. Die in den Fenstern erzählte biblische Geschichte und die darin sich offenbarende christliche Lehre wandelt sich vom Bildtext zur mystisch erlebten Gottesschau.

Wenn wir heute das gotische Kirchenfenster ausschließlich als Träger von Bibelillustrationen betrachten, dann verkennen wir das Gläubigkeitsempfinden des mittelalterlichen Menschen. Für ihn stellte das Fenster ein Lichtszenarium dar, das ihm das Himmlische Jerusalem und den ganzen göttlichen Kosmos vermittelte. Die Kathedrale bot sich als Kommunikationsraum an, in dem der Mensch sich am „Ort des Geschehens" wähnte, also im Heiligen Jerusalem, um den Dialog mit Gott und den Heiligen aufzunehmen.

Das Glasfenster als Medium der mittelalterlichen Lichtmetaphysik spielt im Gesamtkunstwerk „Kathedrale" eine besondere Rolle, da sie den Gläubigen mehr als die Portalskulpturen oder die filigrane Himmelsarchitektur einbezog: „Numine afflatur" – das Göttliche weht uns an! Die untergeordnete Bedeutung des Erzählerischen zu Gunsten einer stupenden Lichtschau erklärt sich unter anderem auch dadurch, dass häufig die biblische oder profan-allegorische Thematik der Glasfenster in Portalen, Fresken oder Tafelbildern auftaucht und an dieser Stelle ihre spezifisch ikonische Funktion behauptet – sei es eine adorative oder illustrative, also als Andachtsbild oder als Illustration biblischen Geschehens.

So gesehen suggerieren die durch die Fenster einfallenden Lichtstrahlen die Illusion eines göttlichen Kosmos, der durch die skulpturalen Erzählzonen der Kathedrale buchstabiert wird: Die Schöpfungsgeschichte, neutestamentarische Erlösungs-Szenarien und verschiedene Heiligenviten sowie profane Motive wie Monats- oder Planetendarstellungen offenbabaren dem Gläubigen das himmlische Reich.

Zum Gesamtkunstwerk „Kathedrale" gehört die Musik als Gleichnis himmlischer Sphärenklänge. Der gregorianische Choral entwickelte sich seit dem 6. Jahrhundert zum festen Bestandteil der Liturgie.

Gregorianischer Choral

Der Choral wurde nach Gregor I. benannt, Papst von 590 bis 604. Es ging dem Kirchenfürsten um eine Ordnung und Sammlung römischer Melodien und deren Integration in die Liturgie. Es entstanden erste Choralschulen, so genannte „scholae cantorum", zunächst in Rom, später dann auch im Frankenreich und im hohen Mittelalter in vielen Städten mit klassischen gotischen Kathedralen, wie z. B. in Chartres, Paris, Laon, Köln oder Straßburg.

Zur Zeit des Kathedralbaus im 12. und 13. Jahrhundert entwickelte sich der Choral zum eigenständigen musikalischen Ereignis parallel zur Liturgie. Der Cantus firmus, die Tenorstimme, dominierte und wurde von Zusatzstimmen, später von drei bis vier Oberstimmen begleitet. Die Mehrstimmigkeit führte zwar zu einem außergewöhnlichen Erlebnis, ließ aber das Wort zurück. Der natürliche Fluss der Sprache ging verloren und damit die liturgische Funktion. Der Choral, unter anderem auch so etwas wie ein Motivgeber der sich im Laufe des 13. Jahrhunderts entwickelnden Motette, zog die Gläubigen in ihren Bann und verstärkte das sinnliche Erlebnis von Licht, Architektur und Bild.

Daran konnte auch Dionysius der Kartäuser, der niederländische Scholastiker und Mystiker zu Beginn des 15. Jahrhunderts nichts ändern, der die mehrstimmige Musik entschieden missbilligte. Ein Zeitgenosse Karls des Kühnen berichtet von der Euphorie des burgundischen Herzogs anlässlich der Darbietung einer Motette:

> Denn Musik ist der Widerhall der Himmel, die Stimme der Engel, die Freunde des Paradieses, die Hoffnung der Luft, das Organ der Kirche, der Gesang der Vögelein, die Erholung aller traurigen und verzweifelten Herzen, die Verfolgung und Vertreibung der Teufel.

Was soll man noch von der Musik erwarten können? Mit diesem Zitat ist buchstäblich alles gesagt. In der Musik erfährt der Mensch die Erfüllung seines Daseins. In den Klängen einer Motette drückt sich der Kosmos aus und die Erwartung des Heils.

Eine weitere und umfassendere Komponente des Gesamtkunstwerks „Kathedrale" hängt ebenfalls eng mit der Musik zusammen, doch in einem anderen als bisher verstandenen Sinn. Wenn wir Musik als einen Teilbereich des scholastischen Lehrschemas begreifen, demzufolge alles Wissen von Gott kommt, dann können wir die Musik von ihrer wissenschaftlichen Wurzel her gemäß den Sprüchen Salomons als eine der „Sieben Säulen der Weisheit" bezeichnen. Der Neuplatoniker Martianus Capella übernahm diesen alttestamentarischen Gedanken und begründete die „Septem Artes Liberales". Als solche gingen sie über in das komplexe Wissenschaftssystem des Mittelalters, und zwar als Elemente der philosophischen Fakultät.

Man unterteilte die Artes in ein Trivium, zu dem „Grammatik", „Rhetorik" und „Dialektik" gehörte, und in ein Quadrivium, das sich aus „Arithmetik", „Geometrie", „Astronomie" und „Musik" zusammensetzte.

Gemäß der auf Theologie und Philosophie fußenden Universalidee der Pariser Universität sind in einer Illustration des „Hortus delicarum", des Paradiesgärtleins der Äbtissin Herrad von Landsberg aus dem frühen 13. Jahrhundert, die Artes als Personifikationen vorgestellt. Im Zentrum dieser Wissensallegorie thront die Philosophie. Sie hält ein Spruchband mit der Aufschrift „Alles Wissen kommt von Gott". Zu ihren Füßen haben sich Sokrates und Plato niedergelassen. Ihrer Brust entströmen die sieben Freien Künste mit ihren entsprechenden Attributen, die in dem äußeren Kreis untergebracht sind.

Der einzige in Deutschland erhaltene Artes-Zyklus findet sich in der Südseite der Vorhalle des Freiburger Münsters. Die Künste werden als weibliche Personen vorgestellt. Neben der Geometrie mit einem Zirkel in der Linken und einem Winkelmaß in der Rechten steht eine elegante Dame, die mit einem Hammer auf eine Glocke schlägt, die Musik.

Bei Herrad, der kunstsinnigen Äbtissin, hält sie eine Harfe in der Hand. In den meisten Fällen aber weist sie sich durch Glocken aus, wie in der Kathedrale von Laon, wo sie auf fünf Glöckchen schlägt, oder im Fenster der Kathedrale von Auxerre, wo sie drei Glocken vor sich hat.

Im unteren Sockelbereich des Florentiner Campaniles hat Luca della Robbia die verschiedenen, nach dem Sündenfall Adams und Evas auf der Erde zu verrichtenden Arbeiten und geistigen Tätigkeiten allegorisch dargestellt. Neben Euklid und Pythagoras, den Meistern der Geometrie und Arithmetik, präsentiert er überraschend den Schmied Tubalkain und meint damit die Ausübung der Musik, da das melodische Klopfen der Hämmer als erstes menschliches Musizieren angesehen wurde. Die melodische Systematisierung brachten die Menschen offensichtlich auf Glocken unterschiedlicher Größe und damit auf die Tonleiter.

Musik bezog sich ursprünglich auf zweierlei, auf eine pragmatische handwerkliche Tätigkeit und auf ein bestimmtes mathematisches System, die Harmonie. Musik als mathematische Disziplin geht auf platonische Vorstellungen zurück, denen zufolge der Kosmos nach musikalischen Harmonien geordnet ist. Dieser von Kirchenvätern, Äbten und Philosophen tradierte Gedanke prägte die mittelalterliche Architekturauffassung nachhaltig. Die Proportionierung der Bauteile orientierte sich an der Oktave und deren Unterteilung in Quinte, Quarte, Terz usw. Daraus leitete man die Maßverhältnisse ab. So musste die Breite des Chors zur Länge des Querhauses in einem bestimmten harmonischen Verhältnis stehen.

Dafür ein Beispiel: Für die Chorbreite wählte man neun und für die Länge des Querhauses zwölf Doppelschritte. Das Verhältnis 9:12 entspricht dem einer Quarte, nämlich 3:4.

Solche und ähnliche Grund- oder Aufrissprinzipien der geometrischen Proportionierung konnte man für viele gotische Kathedralen nachweisen, wie beispielsweise für die 1235 begonnene Elisabethkirche in Marburg an der Lahn oder für das vom Münsterbaumeister Matthäus Ensinger ab 1425 erbaute Berner Münster.

Auch für das Aufrisssystem von Chartres glaubten einige Forscher die „musikalische Formel" gefunden zu haben. Sie legten die gregorianische Tonleiter zu Grunde und fanden über komplizierte Detailrechnungen an Säulen, Kapitellen, Diensten und anderen Bauteilen die „Mathematik der Harmonie" in der gesamten Kathedrale angelegt. Während die Messungen für Bern und Marburg rational nachzuvollziehen sind, kommen für Chartres Zweifel auf. Man könnte den Eindruck gewinnen, dass man so lange rechnete, bis man endlich die der Tonleiter entsprechenden Maße gefunden hatte.

Grundsätzlich aber war die Musik als mathematische Disziplin die Grundlage für architektonische Konzeptionen, da es beim Kathedralbau um die Konstruktion eines Abbildes oder besser einer Abbreviatur, also einer Art Miniaturmodell des Himmlischen Jerusalem, ging. Die durch die ineinander kreisenden Sphären des Kosmos erzeugte Musik teilt uns die Weltharmonie mit und damit den universalen Bauplan Gottes. Gott als erster Architekt des Universums vermittelt durch die Musik – hörbar im Gregorianischen Choral – nicht nur sein Dasein, sondern auch sein Werkzeug und seine Methoden, nach denen der Mensch die von ihm geschenkte Welt gestalten soll.

Musik als harmonischer Klang- und architektonischer Konstruktionsfaktor vollendet das Gesamtkunstwerk „Kathedrale", das in seinen unterschiedlichen baulichen und bildlichen

Ausdrucksformen die Welt der Bibel und den Alltag des Menschen entfaltet, die kosmischen Geheimnisse andeutet und das Paradies verheißt. Der Mensch, sei es der Mönch, der den Choral oder der Gläubige, der das Lied singt, ist Bestandteil des Gesamtkunstwerks. Das umso mehr, als er in vielen nachgewiesenen Fällen aus innerer Überzeugung am Bau der Kathedrale mitwirkte. Der Chronist Robert von Mont-Saint-Michel berichtet aus dem Jahre 1147:

> In diesem Jahr zum ersten Mal sah man zu Chartres die Gläubigen sich vor Karren spannen, die mit Steinen, Holz, Getreide und wessen man sonst bei den Arbeiten an der Kathedrale bedurfte beladen waren. Wie durch Zaubermacht wuchsen ihre Türme in die Höhe. So geschah es nicht nur hier, sondern fast allenthalben in Francien und der Normandie und anderorts. Überall demütigten sich die Menschen, überall taten sie Buße, überall vergaben sie ihren Feinden. Männer und Frauen sah man schwere Lasten mitten durch die Sümpfe schleppen und unter Gesängen die Wunder Gottes preisen, die er vor ihren Augen verrichtete.

Die verschiedenen Künste und ihr wundersames Zusammenwirken haben die Menschen in ihren Bann gezogen. Ein ästhetisches Bewusstsein, so wie wir es heute kennen, war den Gläubigen fremd. In dem vom Choral begleiteten Lichtspiel der funkelnden Glasfenster und in Begleitung der vielen steinernen biblischen Gestalten offenbarte sich den Bürgern die Gegenwart des Heiligen. Das war es, was sie motivierte und vielleicht sogar drängte, am Bau des Himmlischen Jerusalem, ihrer künftigen Heimat, mitzuwirken und damit das Gesamtkunstwerk zu vollenden.

Kaufleute, Dirnen, Priester

Unterwegs in die Stadt. Im Wirtshaus. Verrohung kirchlicher Sitten. Die Handelsmesse im Querschiff. Der Kirchgang als soziales Ereignis. Der Straßburger Roraffe. Choreographie der Eitelkeiten. Die Kirche als Treffpunkt und Kontakthof

Bekleidet mit einem bunten Wams saß Dietmut auf dem Bock seines Einspänners. Einen flämischen Biberhut trug er und Stiefel mit prachtvollen Schnallen. Und schon seit Tagen war er mit einer kleinen Wagenladung von Gewichtwaren wie Pfeffer, Ingwer, Safran, Wachs, Feinsilber und Goldstaub – letzteres verbarg er in einem Lederbeutel unter seinem Wams – unterwegs. Der Händler strebte der Stadt am großen Fluss zu, um auf dem Marktplatz, in dessen Zentrum sich das Münster erhob, seine Ware feilzubieten. In zwei Tagen würde die Handelsmesse ihre Pforten öffnen, und wollte er noch heute Abend seine Herberge erreichen, das Gasthaus Zum Hirschen am Platz mit dem Lindenbaum unmittelbar vor dem Münster, musste er sich sputen. Am folgenden Tag sollten die Formalitäten und die praktischen Vorbereitungen für seine Handelsmission erledigt werden.

Seit sechs Stunden schon zuckelte er durch die weite und vom Vorgebirge flankierte Flussebene, passierte kleinere Flecken und größere Dörfer, führte das Pferd an den Wassertrog und gönnte auch sich selbst eine Erfrischung. Der Weg war beschwerlich. Tiefe Wagenspuren, die nicht immer mit dem Radstand seines Gefährts übereinstimmten, waren in die unbefestigten Straßen eingefahren. Manchmal musste er vom Wagen herabsteigen, um die Spur zu korrigieren. Und häufig hielten ihn sumpfige Stellen auf, die selten mit Bohlen befestigt waren.

Sehnsüchtig erwartete Dietmut das Zurückweichen des Hügellandes, um endlich den freien und mit Spannung erwarteten Blick auf die Stadt genießen zu können. Am Nachmittag war es so weit. Die von der Sonne beleuchteten Türme wuchsen hinter den weich gewellten Hügeln empor. Mächtige Stadttore und Bastionen setzten ihn in Erstaunen sowie zahlreiche Kirchtürme und winzige, wie Nadeln in den Himmel stechende Dachreiter kleinerer Kapellen. Bald leuchteten ihm auch die roten Dachziegel entgegen und die weißen und ockerfarbenen Treppengiebel herrschaftlicher Häuser. Überragt wurde die verheißungsvolle Vedute von den stolzen Münstertürmen, jenen filigranen und viel besungenen Wunderwerken. Auf diesen Augenblick hatte er lange warten müssen. Was er schon von vielen Händlern und Pilgern vernommen hatte, konnte er endlich in Augenschein nehmen: Das Münster mit seinen Türmen, diese Burg Gottes – das Himmlische Jerusalem.

Er hatte den großen Fluss überquert und sich dem Stadttor genähert, das er nach kurzen und oberflächlichen Kontrollen zügig passierte. Die Handelsmesse hatte während der vergangenen Tage viel Volk in die Stadt gebracht, so dass die Zollbeamten ihre Kontrollen nach und nach immer großzügiger handhabten.

Mit großem Erstaunen bemerkte Dietmut, dass die viel gerühmte Stadt über derart schlechte Straßen verfügte. „Wie auf dem flachen Land“, dachte er. Weder Befestigung noch Bord- oder Pflastersteine waren vorhanden. Glücklicherweise war die Hauptstraße vom Stadttor zum Münsterplatz breit und weitgehend eingeebnet. Sie stieg nur mäßig an, so dass er mit seinem Fuhrwerk keine Mühe hatte, voranzukommen. Ein Blick in die engen Seitengassen aber verriet ihm, dass viele der ursprünglichen Hügel nicht abgetragen waren. Eine Passage mit dem Fuhrwerk wäre gar nicht möglich gewesen. Bergauf hätte er das Pferd am Zügel führen müssen, bergab aber hätte er das Fuhrwerk wegen der raschen Fahrt nicht mehr lenken können, es sei denn, die Gasse war, wie in vielen anderen Städten, die er kannte, winkelig angelegt, um ein allzu starkes Gefälle zu vermeiden.

Während Dietmut die Hauptstraße hinaufzog, befand er sich in Gesellschaft einiger Fuhrwerke, die vorausfuhren oder ihm folgten. Kinder liefen schreiend und winkend neben den Wägen her, um eine kleine Gabe, welcher Art auch immer, zu ergattern. Dominikaner in ihrem weißen Habit und Franziskaner in der braunen Kutte sowie einfach gekleidete Handwerker begleiteten die Neuankömmlinge. Mit breiten Schürzen versehene Bäckersfrauen, vornehme Kaufleute mit ihren Frauen und hübsche junge Mädchen – einige von ihnen etwas zu grell und schillernd geschmückt – kamen ihm entgegen. Rollwägen und so genannte „Säumer", voll bepackte Esel oder Pferde mit ihren Treibern, bogen in die eine oder andere Nebengasse ab, aus der weiteres Volk der Hauptstraße zustrebte. Es schien, als ob alle Welt nur ein Ziel hätte, den Münsterplatz, den Mittelpunkt der Stadt und den Ort der bevorstehenden Handelsmesse.

Der Gasthof war Dietmuts erstes Ziel. Kurz vor dem Münsterplatz, unmittelbar nach dem Rathaus, sollte sich ein kleiner Platz mit einer Linde öffnen. Dort würde er seine Herberge finden. Auffallend viele Häuser waren noch in der bewährten Holzbauweise errichtet. Die hohen Dächer und die Dachgauben sowie die traufseitig zur Straße ausgerichteten Gebäude wiesen auf geräumige Stauräume und eine rege Handelstätigkeit. Die Erdgeschosse waren mit breiten Fenstern versehen, teilweise auch mit Verkaufsläden.

Je weiter sich Dietmut dem Zentrum näherte, desto mehr Häuser mit steinernen Sockelgeschossen und weiten Torbögen, die in einen Hof führten, konnte er bemerken. Ausgestellte Erdgeschoss-Luken waren hochgeklappt und gaben den Blick frei auf steile Kellertreppen.

Unvermittelt begann der Wagen zu ruckeln, für einen Moment scheute das Pferd. Pflastersteine! Dietmut war dem Rathausplatz ganz nah. Nun konnte er auch häufiger Steinhäuser mit ihren eleganten Stufengiebeln bewundern, die er schon von der Ferne erblickt hatte. Ganz in der Nähe, das Rathaus mit der zweiläufigen Treppe und den Ecktürmen war bereits passiert, öffnete sich der Platz mit dem Lindenbaum. Ein anmutiges Wirtshausschild mit einem in Goldfarben verzierten Geweih kündigte den Hirschen an.

Benigna, die Wirtin, stand vor dem großen Torbogen und winkte Dietmuts Fuhrwerk in den Hof. Zunächst musste das Pferd versorgt werden. Der Wirt würde einen Krug Wein auf den Tisch der Gaststube stellen. Später sollte die Mahlzeit folgen, vielleicht Schweinebraten mit einer ordentlichen Portion Brot und Bohnen oder Pökelfleisch mit Kraut.

Ein Händler sucht eine spätmittelalterliche Stadt auf. Wir können das Datum etwa mit 1420 angeben. Die aus früheren Jahrhunderten stammende Befestigung mit Wällen und Palisaden war einer festen Stadtmauer mit teilweise gedeckten Laufgängen, Türmen und Toren gewichen, wie man sie heute noch in Dinkelsbühl oder in Rothenburg ob der Tauber betrachten kann. Ein Stadtgraben, der sich an manchen Stellen zu einem kleinen See weitete, in dem Fischzucht betrieben wurde, umgab den Mauerring. Auf den damals nicht befestigten Straßen mit Wagenfurchen, die wie Gleise wirkten, war das Vorankommen mühsam. Auch in den Städten fand man nur im Zentrum um den Markt- oder Münsterplatz gepflasterte Wege. Die Hauptstraße, deren Hügel abgetragen worden waren, verlief wie eine Direttissima durch die Stadt. Sie verband die einander gegenüberliegenden Tore miteinander und passierte den Rathaus- und Münsterplatz. Das beiderseits der Hauptstraße angelegte Gassengewirr wies in den meisten Fällen steile und noch nicht abgetragene Hügel auf, so dass die Gassen rechtwinklig angelegt wurden, um ein allzu starkes Gefälle zu vermeiden.

Dietmut ist mit einem Fuhrwerk unterwegs gewesen, einem Rollwagen, vor den er ein Pferd gespannt hat. Das deutet zwar nicht auf Reichtum hin, aber auf Wohlhabenheit. Er war ein erfolgreicher Händler, der es nicht nötig hatte, mit einem „Säumer", einem einfachen Lasttier, zu reisen.

Die mittelalterlichen Zähringerstädte im Südwesten Deutschlands und in der Nordschweiz zeichnen sich unter anderem durch eine besondere Bebauung aus: Die mit hohen Dächern und Dachgauben versehenen Gebäude sind traufseitig ausgerichtet. Aus den Dachgauben ragten Kräne, die das Warengut von den Fuhrwerken auf den Stauboden brachten. Die Geschäftsräume und Läden befanden sich ebenerdig. Die Kundschaft konnte auch von der Straße aus bedient werden.

Steinhäuser waren zu dieser Zeit selten anzutreffen. Sie gehörten vermögenden Kaufleuten, dem Stadtpatriziat oder der kirchlichen Obrigkeit und dominierten häufig das Zentrum, den Markt- oder Kirchplatzbereich. Holzbauten mit einem steinernen Sockel- oder Erdgeschoss machten neben den reinen Holzhäusern den größten Teil der Stadtbebauung aus. Die Fachungen der Fachwerkhäuser füllten die Bauleute vor dem Verputzen häufig nur mit Stallmist, Stroh oder Bruchstein aus. In den seltensten Fällen verwendete man zugeschlagene Sandsteine oder Backsteine.

Gasthäuser wie der Gasthof Zum Hirschen waren noch sehr selten, da sich ein organisiertes Herbergswesen erst später entwickelte. Die Wirtsleute mussten sich ihr Geld anderweitig verdienen. In den meisten Fällen waren sie als Kaufleute tätig, da sie fast täglich Händler und Krämer in ihrem Haus beherbergten, die ihre Rechnung in gern gesehenen Naturalien beglichen.

„Hast du den Heuerpfaffen am Pranger gesehen? Er bereicherte sich am Opferstock. Nun muss der liederliche Mensch darben."

Gesättigt saßen Dietmut und der Wirt Fridolin am Schanktisch. Sie hatten sich gütlich getan am Pökelfleisch, von dem es reichlich gab, sowie an Kraut und Gerstenbrei. Nun standen ein Krug Wein und zwei Becher vor ihnen. Der Wirt ereiferte sich über die jüngsten Vorfälle im Münster. Die Heuer- oder Leihpfaffen, diese ignoranten Hilfspriester, die den Gottesdienst verrichten mussten, weil der Vikar mit anderen Dingen beschäftigt war, „sind die Pest. Stell dir vor, Dietmut, von der Gemeinde St. Peter oben im Hügelland wird erzählt, dass der Pfaffe seiner Jungfrau zwei Kindlein gemacht hat. Das Familienleben ist ihm dann zu arg geworden – wohl auch, weil seine schändliche Tat dem Magistrat und dem Bischof gesteckt wurde. Er verließ die Mutter seiner Kinder und ward bis auf den heutigen Tag nicht mehr gesehen. Nun muss die Gemeinde für die Versorgung der Verlassenen aufkommen."

„Und das scheint die Regel unter unseren hohen geistlichen Herren zu sein", ergänzt Dietmut seinen Freund. „Mir ist zu Ohren gekommen, dass einem Pfarrer an dem Tag, als er zum Abt gewählt worden war, von seiner Jungfrau ein Sohn geboren wurde."

Fridolin schlug mit der Faust auf den Tisch.

„Warte! Das ist noch nicht alles." Dietmut schmunzelte. „Was meinst du, was der neugeborene Abt auf diese Nachricht erwiderte?" Ungläubige, irritierte Blicke. „Heute bin ich zweimal Vater geworden. Möge Gottes Segen darauf ruhen!"

Die Verfehlungen der Geistlichen wurden schon längst nicht mehr dem Nachbarn flüsternd und mit vorgehaltener Hand hinterbracht. Alltäglichkeiten waren das, die man gleichgültig hinnahm. Tagesgespräch hingegen waren die Umtriebe und Predigten der Leutpriester. Ob er denn schon einmal der Messe eines „Weltpriesters" im Münster beigewohnt habe, erkundigte sich Dietmut. „Freilich“, antwortete Fridolin. „Man kann vorher nie wissen, wer auf der Kanzel steht. Eigentlich sollte unser Vikar Freimut die Messe halten. Doch der dünkt sich zu vornehm. Er ist, wie er verkündete, ‚der heiligen Wissenschaft verfallen‘.“

„Schaut er in die Sterne, oder studiert er tatsächlich unsere Kirchenväter?“ Dietmut griff zum Becher und prostete dem Wirt zu. „Möglicherweise hat der schon einmal ein Codex von fern gesehen. Sein Studium dreht sich wohl eher um Röcke und Schürzen!“

Der Vikar stand also nicht zur Verfügung. So musste entweder ein Bettelmönch berufen werden oder aber eben ein dummer Leihpfarrer. Und beide waren sich nicht grün. Sie beschimpften einander auf das Ärgste.

„Neulich“, fuhr Fridolin fort, „wollte der Bettelmönch in seiner Predigt der Gemeinde klar machen, dass eine Nonne, die ihr Keuschheitsgelübde gebrochen hat, weniger sündigt, wenn sie es mit einem Mönch treibt als wenn sie mit einem gemeinen Bürger Unzucht begeht.“ „Da lobe ich mir unseren alten Elmar, Heuerpfarrer zwar, aber besonnen, und immer darum bemüht, in seinen Predigten aktuelle Themen aufzugreifen“, erwiderte Dietmut.

Ein Händler vom Nachbartisch, der ebenfalls zur Handelsmesse angereist kam, hatte sich zu den beiden an den Tisch gesellt. Auf die Frage, was denn in Himmelssachen gerade aktuell sei, antwortete er: „Oh, das ist der Himmel selbst. Stellt euch vor, ihr habt in Demut und Einfalt euer Leben hingebracht und steht nun vor dem Thron Gottes neben vielen anderen abertausenden von braven Erdenbürgern. Was meint ihr? Müsst ihr stehen bleiben bis in alle Ewigkeit?“

Dietmut und Fridolin schauten einander fragend an. Dann brach schallendes Gelächter aus. Sie klopften einander auf die Schultern und hoben den Becher.

„Und, zu welchem Ergebnis ist der Pfaffe gekommen?“

„Nun ja, das ist die Frage. Er meinte, dass es sicherlich nichts Paradiesisches an sich hätte, wenn die Seligen immer stehen und sich nicht einmal rühren dürften. Hin und wieder würde ein Engel kommen und ihnen einen Sitz- oder Liegeplatz auf einer weichen Wolke zuweisen."

„Gott sei es gelobt, dass ich in einem kleinen Weiler zu Hause bin." Dietmut lehnte sich zurück. „Unser Pfarrer versteht sich bestens mit den Alterleuten, den Kirchgeschworenen. Er ist zwar arm wie eine Kirchenmaus, weswegen er sich auch als kunstfertiger Glaser verdingt hat, aber er versieht sein Amt sorgfältig und umsichtig. Seine Predigten sind annehmbar. Wichtiger für mich ist, dass er es vor den Alterleuten durchsetzen konnte, den Dachboden des Kirchenschiffes als Getreidespeicher nutzen zu lassen. Mehr noch, den Meiern ist es erlaubt, Getreidekästen, die bis zu fünf Malter Roggen fassen, in den Seitenschiffen aufzustellen. Sie müssen nur darauf achten, dass der Zugang zum Altar frei bleibt."

„Aber, lieber Dietmut, was hast du mit Roggen zu schaffen?" „Der Roggen interessiert mich nicht. Aber nachdem die Alterleute die Roggenkästen gebilligt hatten, kamen Bauern und wollten Kleidertruhen ins Kirchenschiff stellen. Das wurde ihnen gewährt, und mir erlaubte man, Schatullen mit kostbaren Gewürzen und Silber in eigens vorgesehene Nischen zu stellen, die mit einem Eisenrost verschlossen werden. Bedenkt! Unsere Kirche ist der einzige Steinbau im Dorf. Eine Feuersbrunst wird ihm nichts anhaben können."

„Das ist wahrlich eine nützliche Einrichtung", entgegnete Fridolin. „In unserem Münster ist hinter dem Hochaltar eine Schatzkammer installiert. Das Schloss bricht kein Leihpfarrer auf, und die Schlüssel liegen wohlverwahrt auf dem Rathaus."

Die drei waren sich einig, dass für eine kleine Gemeinde ein auswärtiger Heuerpfarrer nicht in Frage kam. Irgendwann würde der in den Besitz der Schlüssel zur Schatznische gelangen. Im städtischen Münster war das ausgeschlossen.

„Die Leihpfarrer sind für unser Gotteshaus nicht einmal das größte Übel, auch nicht die verbiesterten Bettelmönche“, setzte Fridolin an. „Es ist der Magistrat, der die Sitten verwildern lässt. Seitdem die Stadtherren dem Bischof die Hoheitsrechte über das Münster haben abringen können, nutzen sie ihre Polizeigewalt schamlos aus.“

Erstaunt blickten Dietmut und sein Kollege auf. Fridolin fuhr fort: „Neulich ist es wieder geschehen. Während des Gottesdienstes erschien ein Bote des Magistrats, hob seine Glocke und unterbrach mit schrillem Geläut die Predigt des Priesters. Er stellte sich vor dem Lettner auf und verlas die kurz vorher vom Magistrat erlassenen Gesetze und Verordnungen.“

Die dokumentarisch belegte Verrohung kirchlicher Sitten im Spätmittelalter hatte ihren Grund unter anderem im wachsenden Wohlstand des städtischen Bürgertums und einer damit verbundenen wachsenden Macht des Magistrats im Verlauf des 13. Jahrhunderts. Längst waren die Bischöfe nicht mehr so einflussreich wie im hohen Mittelalter. Ihre schwindende Autorität ist bezeugt. In Straßburg beispielsweise rang im Jahre 1262 die Bürgerschaft dem Bischof Walter Hoheitsrechte über sein Münster ab. Das Domkapitel entzog dem Bischof die Aufsicht über den damals noch längst nicht abgeschlossenen Münsterbau und die Verwaltung der für dieses Vorhaben bestimmten Liebfrauenstiftung.

Diese Maßnahme geschah im Sinne des Magistrats, der nun die Bau- und Polizeigewalt über das Münster ausüben konnte. Außerdem, so machte der Magistrat dem Domkapitel glauben, werde der Bau künftig zügig vorangetrieben, was Streitigkeiten zwischen dem Bischof und der Stadt immer wieder verhinderten.

Das Domkapitel, das sich ausschließlich aus Angehörigen des höheren Adels zusammensetzte, war mit diesen Entwicklungen einverstanden, sah es sich doch in seiner Pfründe nicht eingeschränkt, den reichen Domstift als familiäre Versorgungsstätte zu nutzen.

Den Domherren oblag es, Vikare für den Gottesdienst in der Kathedrale zu verpflichten. In vielen Fällen aber begnügten sich die Vikare mit dem Lesen der Messe oder den nötigsten Zeremonien im Chor. Für aufwändige Predigten und die mühevolle Seelsorgearbeit heuerten sie aus dem Kreis der Bettelorden oder der Weltgeistlichen schlecht besoldete Priester an. Da die Dominikaner und Franziskaner sich als bessere Priester wähnten, sagten sie den Leutpriestern den Kampf an, so dass es zwischen den Gruppierungen zu erbitterten Streitigkeiten kam. Den Ordensgeistlichen ging es hauptsächlich darum, dem weltlichen Klerus die Einkünfte aus den Begräbnis-, Tauf- und Hochzeitsgebühren sowie den Beichtpfennigen vorzuenthalten. Der Königshofener Chronik zu Folge musste der beliebte Straßburger Pfarrer Johann Creuzer im Jahre 1457 vor den bösartigen Angriffen der Bettelmönche weichen, da der Mönchsorden die Kurie und die Bürgerschaft für ihre Interessen einspannen konnte. Selbst der Bischof Ruprecht, der sich hinter den Pfarrer stellte, war machtlos.

Die lächerlichen Themen ihrer Predigten, von denen eben die Rede war, sind übrigens von Johann Geiler von Kaysersberg (1445–1510) überliefert, der 1478 nach seiner Theologie-Professur in Freiburg nach Straßburg reiste und bald darauf im Münster als Prediger auftrat.

Dass unter den gemieteten Klerikern, den so genannten „mercenarii“, den Heuerpfarrern, viele dubiose Gestalten ihr Unwesen in den Kathedralen trieben, ist mehrfach bezeugt. Der Humanist Jakob Wimpfeling (1450–1528), gebürtiger Elsässer – tätig in Schlettstadt, dem heutigen Sélestat, Heidelberg und Straßburg – hat ausführlich deren Wirken beschrieben und schlimme Beschimpfungen gegen sie ausgestoßen. Meistens stammten die ärmlichen Hilfspriester von der Schwäbischen Alb, wo sie ein karges Dasein fristeten und sich für geringes Entgelt verpflichten ließen. Keine Frage, dass die Kapitelherren gerade diese Kleriker besonders gern einstellten – trotz Protest- und Klageschriften der Bauern oder der städtischen Bevölkerung. Die Folgen waren bald spürbar. Die Sakramente wurden vernachlässigt, der Beichtpfennig gestohlen und der in dörflichen Gemeinden manchmal ohnehin bescheidene Kirchenschatz veruntreut.

In Dokumenten ist regelmäßig von so genannten Pfarrerkindern die Rede. In einer Klageschrift der Bauern von Kirchen unterhalb von St. Peter im Schwarzwald protestierten die Bauern gegen den Einsatz eines Pfarrers in ihrer Gemeinde, „der hätt kind, der ging an weg und ließ die kindlein sitzen unversorgt, dass sie schier wären hungers verdorben."

Als „Jungfrau" wurde die Haushälterin des Priesters bezeichnet, die rasch zur Lebensgefährtin avancierte. Nicht nur Geburten sondern auch schlimme Streitigkeiten sind aktenkundig geworden:

> Der (Heuerpfaffe) schlug sein jungfrauen und entrann sie ihm aus dem haus auf den kirchhof da erlufft er sie (holte sie ein) und schlug auf dem kirchhof und gebraucht dort große unfug.

Bei dem Abt, vormals Pastor in Baflo bei Groningen, der Gottes Segen für seine zweifache Vaterschaft erbat, handelte es sich um den Vater von Rudolf Agricola (1444–1485), den berühmten niederländischen Humanisten, der unter anderem auch in Heidelberg lehrte und eine Petrarca-Monografie verfasste.

Solche von bischöflicher Seite geduldeten und von der Kurie geflissentlich übersehenen Unverschämtheiten katholischer Priester trugen entschieden zur Verrohung kirchlicher Sitten bei. Die Reformation war überfällig.

Warum sollten die Bürger sich in der Dorfkirche oder in der Kathedrale anders verhalten als die Priester, die mit schlechtem Beispiel vorangingen? Das betraf auch den Magistrat der Stadt Straßburg, der das Münster, gestützt auf seine Bau- und Polizeigewalt, als Profangebäude nutzte. Ob Feiertag, Festtag oder Werktag, der Stadtrat hielt auch während des Gottesdienstes unbekümmert seine öffentlichen Sitzungen ab, um Parteien zu verhören und Streitigkeiten zu schlichten, wie das Straßburger Urkundenbuch Ende des 14. Jahrhundert mehrmals verzeichnet. Dabei ging es sehr laut zu. Eine Andacht war unmöglich. Selbst das Asylrecht wurde von der Stadt missachtet. Flüchtlinge, die sich in der Kathedrale sicher wähnten, sahen sich unvermittelt der Polizei ausgesetzt. Sie wurden unter dem Hochaltar festgenommen.

Gegen derartige Einrichtungen protestierten nicht nur die Bischöfe und das Domkapitel, sondern auch Mitglieder des Magistrats. In Verträgen sollten solche Missstände ausgeschlossen oder zumindest reduziert werden. Man konnte sich einigen, dass Ratsversammlungen außerhalb der Gottesdienste zugelassen wurden. Da das Straßburger Urkundenbuch mehr oder weniger regelmäßig solche Verträge verzeichnet, ist anzunehmen, dass die Abmachungen nur auf dem Papier bestanden. Ferner erhalten wir Einblicke in die tatsächlichen Vorkommnisse, die ausführlich geschildert werden, um sie per Dekret zu verbieten. Wenn auch der Magistrat dem Bischof und dem Domkapitel regelmäßig die Abstellung der Missbräuche zusagte, blieb doch alles beim Alten und verschlimmerte sich im Laufe des 15. Jahrhunderts, wie Beschwerden und Klagen zeigen. Warum sollten es die Bürger anders halten als ihre Stadtväter?

Händler, Krämer und Hausierer, die ihre Stände vor der Kirche aufgebaut hatten, zogen es vor, bei schlechter Witterung ihren Handelsplatz ins Münster zu verlegen. Das wurde zwar geduldet, aber es war dem Bischof ein Dorn im Auge.

Bezeugt sind solche Vorkommnisse seit dem Ende des 14. Jahrhunderts. Der Winzer beispielsweise beriet seine Kundschaft im Seitenschiff. Dass es bei dieser Gelegenheit zu Verköstigungen gekommen ist, dürfte nicht ausgeschlossen sein. Neben dem Winzer verkauften Hausierer Weihgeschenke, Heiligenbilder und Rosenkränze. Zu ihrer Kundschaft zählten vorwiegend Pilger, die besonders gern „Pilgerzeichen“ verlangten, die sie als Amulette, als Träger eines Schutzzaubers, ansahen.

Zur Ikonologie des Kirchenbaus

Die kommerzielle Nutzung des Kirchenbaus lässt sich allerdings nicht ausschließlich mit der Verrohung der Sitten im Spätmittelalter begründen. Der Kirchenbau selbst beziehungsweise seine basilikale Form geht ikonologisch, also motivgeschichtlich gesehen, auf die antike Königs- oder Thronbasilika zurück, die in säkularisierter Form eben auch als Gerichts- oder Marktbasilika genutzt wurde. In erster Linie handelte es sich um einen Versammlungsraum für eine größere menschliche Gemeinschaft, seien es Händler, Kultvereine oder der herrschaftliche Hofstaat. Es ist anzunehmen, dass die ersten christlichen Gemeinschaften diese Form für ihren Sakralbau in Anspruch nahmen, ohne ihm einen höheren allegorischen Sinn zuzuweisen. Es ging in erster Linie um die christliche Kirche als Versammlungsraum.

Erst in späteren Jahrhunderten, nachdem sich das Christentum als Staatsreligion etabliert hatte, gewann der Bedeutungstransfer von der konstantinischen Königshalle zur christlichen Basilika an Gewicht. Der Kirche wurde eine Hoheitsformel zugewiesen. Dennoch blieb der Marktgedanke, der, wenn man so will, „basilikal überdeckte Marktplatz" erhalten. Dafür ein anschauliches Beispiel: In Florenz erhebt sich in unmittelbarer Nähe der Piazza della Signoria die Kirche Or San Michele, die man nicht als Gotteshaus erbaute, sondern ursprünglich als eine Verkaufshalle für Getreide. Wahrscheinlich war es Arnolfo die Cambio, der ab 1285 den Bau errichtete. Nach einem Brand entschloss man sich, die Anlage zu vergrößern. Um die Mitte des 14. Jahrhunderts schlossen Maurer die Gewölbe der Verkaufshalle. Ein Priester oder ein Händler, man weiß es nicht genau, befestigte ein Gnadenbild an einem der Pfeiler. Bald stellte sich heraus, dass es Wunder wirkte. Im Laufe der Jahrzehnte kamen immer mehr Gläubige in die Markthalle, um vor dem Bild zu beten. Die Verkaufshalle wandelte sich zu einer Andachtsstätte und damit zu einem kirchenähnlichen Raum. Schließlich ließen die Stadtväter die Halle weihen. Weder die Geistlichkeit noch die Bürger störten sich an der Kombination von Sakral- und Handelsraum.

Noch heute kann man in der nordwestlichen Bogenlaibung und in den Nordpfeilern die Schächte sehen, aus denen das Getreide vom oberen Stauboden nach unten in die Fuhrwerke mittels Schläuche geleitet wurde.

Die ikonologische Herleitung des christlichen Sakralbaus unter anderem von der antiken Markthalle soll keinesfalls die kirchlichen Verhältnisse im spätmittelalterlichen Straßburg rechtfertigen. Hier waren sozial-historische Faktoren maßgebend und weniger ikonologische. Das Nachleben der Markthallen-Idee mag allenfalls für den Kirchmarkt an besonderen Feier- oder Festtagen oder den Obst- und Gemüsemarkt am Kirch- oder Münsterplatz zutreffen. Eine historische Wurzel aber, die Verwendung der antiken Basilika als Gerichtshalle, ist bis ins späte Mittelalter zu verfolgen.

Das Freiburger Münster entstand als eine einfache bürgerliche Pfarrkirche. Drei Jahrhunderte haben viele Generationen von Baumeistern an diesem wunderbaren Werk gearbeitet. Heute zählt das Münster neben Basel und Straßburg zu den prachtvollsten gotischen Kirchen. Vom Turm, ab etwa 1250 begonnen, sagt man, es sei der schönste überhaupt …

Und zu diesem Turm wollen wir uns nun aufmachen, genauer in die zum Markt hin offene Vorhalle. Vier würdige Männer sitzen an der vorderen Sockelzone unter filigran ausgearbeiteten Baldachinen. Der eine trägt einen Fürstenhut und hält in seinem Schoß ein Richterschwert. Da bekannt ist, dass das Freiburger Münster Schauplatz fürstlicher Rechtsprechung gewesen ist, darf man vermuten, dass es sich hier um einen Richter handelt. Vielleicht aber weist diese Figur im Konzert mit den anderen drei Skulpturen auf eine tiefere allegorische Bedeutung. Man vermutet, dass es sich hier um die vier Kardinaltugenden handelt, die als Richterkollegium zusammengekommen sind. Die auffälligen Adlerschilde, die als Agraffen auf dem Mantel unterhalb des Halses angebracht sind, deuten auf die Rechtsprechung im Namen des Kaisers – gemeint ist ab 1368 der Habsburger Kaiser, dem sich die Stadt freiwillig unterstellte.

Dass die Tugenden der Stadt gegen die Untugenden verteidigt werden müssen, verdeutlichen die Tiergestalten auf dem Sockel der Figuren: Der Hund, ein Vertreter der Widerborstigkeit, der Stier als Symbol für die Unflätigkeit, der Esel als Gleichnis für Halsstarrigkeit und schließlich der Affe als Zeichen des Übermuts mögen auf schlechte Eigenschaften des einen oder anderen Händlers verweisen, dem das richterliche Schwert droht, sollte er sich wie ein Hund oder Esel aufführen. Die Bäcker beispielsweise hatten kaum eine Chance, ihre Kundschaft zu betrügen, weil in unmittelbarer Nähe des Richterkollegiums die Brotmaße am Turmstrebepfeiler eingraviert sind.

Die städtische Situation eines vom Marktplatz umgebenen Münsters wie in Freiburg forderte demnach die Gerichtsbarkeit an Ort und Stelle geradezu heraus. Die im 12. Jahrhundert gegründete Stadt war von Anbeginn in ein weit verzweigtes Handelsnetz einbezogen, was vor allem den Silberbergbau im Südschwarzwald betraf, der sich um 1200 rasant entwickelte. Wenn auch Belege für den Fernhandel Freiburger Kaufleute nur recht spärlich vorliegen, so kann ein intensiver Regionalhandel im Rechteck von Basel, dem Bodenseegebiet, Schwaben und Straßburg nachgewiesen werden.

Die bürgerliche Pfarrkirche befand sich im Zentrum der Handelsstadt – auf dem Marktplatz und nicht abseits auf dem Kirchplatz. Sie verstand sich – in diesem streng ikonologischen Sinne – als eine mittelalterliche Variante der antiken Markt- und Gerichtshalle.

Neben den Rathäusern war es demnach auch die Kirche, in der Recht gesprochen wurde. Und das Freiburger Münster stellt nur eines von vielen Beispielen dar. Tatsächlich gab es in jeder Landesregion Dome, Münster oder Stadtpfarrkirchen, in denen Gerichtsverhandlungen abgehalten wurden, wie etwa in den Vorhallen der westfälischen Dome von Münster und Paderborn oder in der Lübecker Domkirche. Nicht immer waren diese Orte überdacht, wie das Weltgerichtsportal an der Südseite des Bamberger Doms oder das Nordportal des Magdeburger Doms. Häufig weist der Skulpturenzyklus auf die einstigen Versammlungen von Richtern, Anwälten, Angeklagten, Zeugen und dem Volk. Wenn sich die törichten und klugen Jungfrauen zusammen mit Christus und dem Teufel, dem „Herrn Welt“ (siehe S. 145), ein Stelldichein geben oder Salomons Urteil, flankiert von Synagoge und Ecclesia, dargestellt sind, dann dürfte vor diesen Portalen ebenfalls das öffentliche Recht gepflegt worden sein.

„Lust auf fesche Mädchen?“ Fridolin zwinkerte seinem Freund zu, der amüsiert aufblickte. „Du machst dich doch gleich auf den Weg, um deinen Standplatz am Münster zu inspizieren, oder?“

Dietmut nickte und griff zu seinem Glas Milch. Es war früh am Morgen, und ein arbeitsreicher Tag erwartete ihn. „Keine Angst!“ Fridolin winkte ab: „Du wirst den tollen hübschen Dingern ohnehin nicht entgehen können.“ Dietmut schüttelte den Kopf. „Was meinst du? Nicht entgehen ...“ „Sie bevölkern die Prozession, treiben ihr närrisches Spiel und werden den Fremden schnell erkannt haben, der mit rundem Mund sein Staunen nicht verbergen kann.“

Fridolin erhob sich und begann, den Krug mit dem Rest lauwarmer Milch, die Becher und Messer sowie die Reste der Haferbrotrinde vom Tisch zu räumen. Bevor er in der Küche verschwand, drehte er sich noch einmal um: „Heute Vormittag werden die Zünfte aktiv. Achte auf unsere Bäcker, sie tragen die Propheten und den Kaiser. Wenn du Glück hast, tanzt das Wilde Weib dazwischen. Na ja“, setzte er nach, „und dann sind da die leicht geschürzten Mädchen.“

Irritiert blickte Dietmut auf. Fridolin lachte. „Nimm es nicht zu ernst, du gottesfürchtiger Mann, und lass dich überraschen!“

„Überraschungen, lieber Freund, sind die Spezialität eurer Stadt.“ Er zögerte: „Vielmehr eurer Kirchengemeinde, denke ich. Ob sie immer der Würde eures Münsters entsprechen?“ Fridolin beruhigte: „Zu Raufereien wird es kaum kommen. Der Magistrat hat den Fischern in diesem Jahr zum ersten Mal verboten, am Festzug teilzunehmen. Du weißt schon, sie provozierten die Bauern und verstrickten sie in arge Prügeleien.“ „Wohl wegen des Wilden Weibes, von dem ich schon gehört habe, dem Weib, das mit den Bauern zieht und mit ihrem unzüchtigen Gebaren für viel Ärgernis gesorgt hat“, antwortete Dietmut. „Mag sein oder auch nicht.“

Fridolin hatte das Frühstücksgeschirr auf die Theke gestellt. Dann durchmaß er den Schankraum, ging zur Tür und öffnete sie. Schellenklänge, Trommeln und Gesang drangen in die Stube.

„Nun aber hinaus mit dir! Lass dich zum Kirchplatz treiben!“

Oft hatte Dietmut Prozessionen beobachtet und manchmal sogar daran teilgenommen – in seinem Dorf. Zwar ging es dort auch fröhlich zu, aber immer gesittet und ruhig. Doch was ihm in der Bischofsstadt, die diesen Namen eigentlich nicht mehr verdiente, geboten wurde, übertraf alles bislang Erlebte.

Noch unschlüssig vor der Wirtshaustür stehend, fühlte er sich plötzlich am Ärmel gepackt und mitgerissen in den bunten lauten Trubel. Ein Mädchen mit einer Teufelsmaske, sinnlos neben ihm her hüpfend, hatte ihn ergriffen und zerrte ihn in den Zug der Spielleute. Eine Dirne, bemerkte Dietmut. Das kann nur eine Dirne sein. Ihr Mantel, viel zu kurz und innen verbotenerweise mit Seide gefüttert, flog auf und gab den Blick frei auf ein leichtes blassrosa Kleid mit goldenen Spangen und einem Gürtel, der mit Korallen besetzt war. Was für eine Anmaßung!

Kinder sprangen heran, streckten gegen ihn die Zunge aus und kniffen ihn in den Arm, gotteslästerliche Worte ausstoßend. Offensichtlich ahnend, dass die Aufmerksamkeit der Kinder sich gleich ihr zuwenden werde, ließ das teuflische Mädchen Dietmut los und verschwand in der Menschenmenge, gefolgt von der grölenden Kinderschar.

Inmitten dieses tosenden Treibens schritten ruhig und gelassen die Bäcker einher. Mit stoischem Gesichtsausdruck und in der Verkleidung biblischer Propheten setzten sie ihre Schritte. Auch Kaiser Augustus war unter ihnen und natürlich der Erzengel Michael. Dann erschien eine kleine Gruppe von braven Bürgern, die, leise singend, dem Zug folgten. Hinter ihnen rückten, immer wieder von den umherspringenden Narren gestört, die Träger des Schreins ihres Stadtpatrons nach.

Weitere Zunftgesellen wie die Metzger, die als Schächer und Henker des Herrn verkleidet waren, folgten. Das Schlusslicht bildeten die Winzer, sie stellten den Teufel und die verlorenen Seelen dar. Und ihnen galt die besondere Aufmerksamkeit der lärmenden und lästernden Jungen.

Dietmut hatte sich unter das Volk zwischen die Zunftgruppen gemischt und hielt sich dicht am Schrein, um dem Lumpenpack und den üblen Burschen aus dem Wege zu gehen, die mit ihren bösartigen Narreteien ständig neue Attacken gegen die Zünftler unternahmen. Merkwürdig, dass keine Amtspersonen für eine würdevolle Durchführung der Prozession sorgen, dachte Dietmut. Sollte der Bischof tatsächlich nicht in der Lage sein, eine derartig schamlose Entweihung der Prozession zu verhindern?

Endlich Luft und Raum! Das Volk wich vom eigentlichen Prozessionszug zurück und verteilte sich auf dem weiten Kirchplatz. Zum ersten Mal sah Dietmut das Münster. Hoch bauten sich die Türme, diese filigranen Himmelsbauten, über ihm auf, und er verharrte staunend. Der südliche Turm war noch von einem Gerüst umgeben. Flinke Arbeiter hantierten in luftiger Höhe. Doch niemand nahm davon Notiz. Dietmut hielt auf das geräumige, mit Skulpturen ausgeschmückte Hauptportal zu, aber er merkte bald, dass eine eingehende Betrachtung dieser biblischen Wunderwelt unmöglich war. Das Volk – unter ihnen die schlimmsten Radaubrüder – drängte zum Portal, so als wolle es im Kirchenraum sein närrisches Treiben fortsetzen.

Im Kirchenschiff glaubte Dietmut Ruhe zu finden. Doch weit gefehlt! Für die johlenden und betrunkenen Burschen und für die grell geschminkten und lästerlich gekleideten Dirnen waren die mahnenden Apostelfiguren in den Gewänden des Hauptportals kein Grund zur Umkehr. Im Gegenteil. Sie stürzten auf die heiligen Gestalten mit unzüchtigen Bewegungen zu und an ihnen vorbei, passierten den Mittelpfeiler mit einer einsamen und verlassen Heiligen Jungfrau, die den Erlöser im Arm hielt, und lärmten in die Vorhalle und weiter in das Mittelschiff des Gotteshauses.

Die Dirnen und Burschen hatten sich in das nördliche Seitenschiff verfügt, wo ein Winzer seinen Weinstand eröffnet hatte und freigiebig die Becher kreisen ließ. Von einer Kundenberatung, wie der Winzer dem Magistrat angekündigt hatte, um die Erlaubnis für den Aufenthalt im Kirchenraum zu erhalten, konnte keine Rede sein. Ein Besäufnis, eine Orgie, dachte Dietmut, und er begab sich zum südlichen Seitenschiff, wo ihm unvermittelt ein Jäger mit einem Habicht auf der Faust begegnete und ihn sogleich ansprach:

„Sagen Sie mir, guter Mann, wo finde ich den Stand des Gerbers. Er soll sich nahe dem Hochaltar befinden?“

Kopfschüttelnd und wortlos ging Dietmut an dem Mann vorbei ins südliche Querschiff. Hier hatte sich offensichtlich der Metzger niedergelassen. An seinem Stand palaverten Bürger. Sie feilschten um den Preis der Wurstwaren. Ein leises Quieken war zu vernehmen, und Dietmut entdeckte unter dem breiten Holztisch einen Käfig mit einem Ferkel, das im Stroh rüsselte. Zwei Hunde, langhaarig und ockerfarben, saßen neben ihrem Herrn. Aufmerksam verfolgten sie jede seiner Bewegungen. Die einzigen ruhigen Gesellen, dachte Dietmut, und verließ das Münster durch das südliche Seitenportal, wo er einen kleinen Platz betrat, der vom Bischofspalast auf der gegenüberliegenden Seite begrenzt wurde. Händler waren dabei, ihre Stände aufzubauen, und Dietmut erkundigte sich nach seinem Standplatz. Nein, in der Kirche wollte er seine Ware nicht feilbieten.

Viele thematisch variierende Passions- und Prozessionsspiele sind uns aus dem 14. und 15. Jahrhundert überliefert. Es ging dabei im engeren Sinne nicht ausschließlich um ein „Leiden-Christi-Spiel“, sondern auch um die so genannte biblische

Peripherie der Passion. Die Tendenz, das Volkstümliche in das geistliche Schauspiel einzubinden, nahm im Spätmittelalter zu. Besonders beliebt war die Maria-Magdalena-Thematik. Vor ihrer Bekehrung entfaltet sie ihr lüsternes Leben, sie schminkt sich, wagt ein Tänzchen mit dem Teufel, in der Gestalt eines Hofmanns erscheint, und singt gottlose Lieder, wie z. B. im Donaueschinger Passionsspiel aus der zweiten Hälfte des 15. Jahrhundert. Die Maria-Magdalena-Sequenz lässt sich übrigens aus der Wiener Ludus Paschalis von 1325 ableiten.

Spiele und Prozessionen wurden nicht nur zu Ostern, sondern auch zu Fronleichnam oder zur Kirchweih und anderen kirchlichen Festtagen aufgeführt. Häufig waren es die Zünfte, die an der Prozession beteiligt waren und diese auch organisierten und finanzierten. Das betraf in erster Linie die Beschaffung so genannter „figuren“. Es handelte sich hier um „lebende Bilder“, um schauspielerische Darstellungen von biblischen und historischen Gestalten.

Für Freiburg ist im 15. Jahrhundert eine besondere Rangfolge der Zünfte überliefert, die an der Prozession teilnehmen. Während die Bäcker die Propheten, die Krämer den heiligen Georg samt Drachen darstellten, mussten die Metzger die Henker und Schächer übernehmen, die Christus führten und begleiteten. Die Winzer schienen die am wenigsten angesehene Zunft gewesen zu sein, sie stellten den Teufel und die verlorenen Seelen dar.

Der Unterhaltungscharakter war besonders wichtig, was die Gestaltungsfreude und die Hervorhebung nicht nur der Magdalenen-Episode, sondern auch der „Hochzeit zu Kanaa“ oder der „Versuchung Jesu durch den Teufel“ beweist. Spielleute begleiteten den Zug und so genannte „Reimer“, also Verseschmieder, die fröhliche und manchmal auch lästerliche Lieder zu den Aufzügen darboten. Für ihre Beiträge wurden sie vom Magistrat entlohnt.

Aus Dokumenten geht hervor, dass manche Prozessionen in gotteslästerliche Exzesse ausarteten. Der heilige Petrus beispielsweise spielte während der Prozession Karten – „der kartet in der proceß" –, was er sinnigerweise mit einer Gefängnisstrafe abbüßen musste. Das mochte noch angehen. Schlimmer waren die Narreteien der Teufelsdarsteller, die glaubten, sich „vor den frauwen unloblich mit worten geperden" aufführen zu können, wie ein Nördlinger Dokument bezeugt. Ein gewisser Daniel Frey soll sogar auf die Zuschauer zu- und sie angesprungen haben, wobei er „wie ein hund" bellte.

Das Religiöse hat sich mit dem Alltäglichen verbunden. Einerseits erhielten viele Alltagshandlungen eine religiöse Weihe, andererseits aber führte das zu einer Profanisierung des Heiligen, die in manchen Fällen entartete. Johann Geiler von Kaysersberg und andere Chronisten berichteten von einem „Unsinnigen Weib", dem so genannten „Wilden Weib von Geispolsheim", einem Dorf südlich von Straßburg, das, geführt von einem Galan, durch ihr verrücktes Gebaren und schändliches Tun während der Pfingstprozession Aufsehen erregte. Der Obrigkeit blieb das nicht verborgen. Ganz im Gegenteil, die städtischen Behörden förderten diese „derben Späße", indem sie, Auszügen aus dem Straßburger Stadtarchiv zu Folge, dem „Wilden Weib" Geldgeschenke machten.

Volksbelustigungen bei Prozessionen mochten noch angehen, doch Orgien und Trinkgelage im Gotteshaus? Im Straßburger Münster fing alles ganz harmlos an. Ellenhard, Chronist und erster Stadtpfleger des Münsterstifts, schenkte – so hielt er in einer Urkunde vom 16. Juli 1299 fest – dem Münster großzügig von seinen Weingütern in Kestenholz und Scherwiler alljährlich 12 Ohmen Wein, etwa 370 Liter. Was für eine merkwürdige Stiftung. Ellenhard führte aus, dass im Münster diejenigen in den Genuss seines Weines kommen sollten, die am 14. August, dem Vorabend von Marie Himmelfahrt und am 7. September, dem Vorabend von Mariae Geburt, „devotionis causa“ ins Gotteshaus kämen, um die Nacht wachend zu verbringen. Eine für die zahlreichen und von weither wandernden armen Pilger erfreuliche Einrichtung. Ellenhard dürfen wir nichts Anrüchiges unterstellen, denn er war den Pilgern wohl gesonnen und dachte sicherlich nur an deren Erquickung. Ob der Wein-Stifter dabei an die Verköstigung im Kirchenraum oder davor dachte, ist aus den Unterlagen nicht zu ersehen.

Die Fahne, die aus den Schallarkaden des Kirchturms ragt, deutet auf die Kirchweih – eine gute Gelegenheit, zu beten, zu handeln und zu feiern.

Im 15. Jahrhundert, so geht aus Chroniken hervor, kamen Pilger und Münsterknechte auch in der Kirchweihnacht vor dem St. Adolfstag in den Genuss des Weins. Ferner wurden Brot und Käse gereicht. Rechnungen des Magistrats belegen außerdem, das man den Vorrat an Krügen und Bechern für die Adolfsnacht ergänzen ließ. Man rechnete also mit einer fröhlichen Runde.

Das Münster wurde zu einem Wirtshaus herabgewürdigt, wie es Wimpfeling anschaulich schilderte. Auf den Altar der Katharinenkapelle wuchteten die Münsterknechte ein Weinfass, das sogleich angestochen wurde. Eine ungeheuere Menschenmenge – unter ihnen kaum Pilger – drängten an das Fass und ließen sich die Krüge und Becher füllen. Sie scherzten mit den Frauen, sangen und schliefen betrunken ein, um von ihren Kumpanen geweckt zu werden. Denn es war alter Brauch, die Nacht vor dem Heiligen Tag wachend und betend, zumindest andächtig zu verbringen. Empört rief Wimpfeling aus, dass diese nächtlichen Versammlungen eher den Orgien des Bacchus mit Frau Venus, als einer christlichen Andachtsübung glichen.

Anderen Chroniken kann man entnehmen, dass es vor kirchlichen Festtagen, die häufig mit Handelsmessen zusammenfielen, in manchen Gemeinden üblich war, die Nacht essend und schmausend in der Kathedrale, dem Münster oder der Kirche zu verbringen. Bei dem großen Andrang des Landvolks waren die Gasthäuser bald überfüllt, und manchen Bauern, Krämern und Händlern blieb als kostengünstige und zweifellos sehr unterhaltsame Alternative nur das Gotteshaus.

Nicht nur in Straßburg, sondern auch andernorts fanden nächtliche Feste vor kirchlichen Feiertagen in der Kathedrale statt. Beliebt war der 28. Dezember, der Tag der „Unschuldigen Kindlein“, also der Tag des Bethlehemitschen Kindermordes. Am Vorabend wählten die Knaben, zumeist Chorknaben des

Münsters, aus ihrer Mitte einen Bischof, den „Episcopus puerorum". Die übrigen Knaben nahmen die Stelle der Domherren ein. Die Jungen verkleideten sich entsprechend. Der Bischofsthron wurde besetzt und die üblichen Gebete gesprochen. Die Knaben sangen die Responsorien und hielten das Hochamt. Das lief mehr oder weniger gesittet ab.

Der fromme Stiftsherr von Jung St. Peter aber, Peter Schott, der Johann Geiler von Kaysersberg überreden konnte, sein Amt in Straßburg anzutreten, äußerte sich entsetzt über die Ausfälle der Jungen. Zusammen mit gewissenlosen Priestern, so Schott, veranstalteten sie in ihrer äffischen Verkleidung am Haupttage Umzüge, grölten unpassende Lieder und belästigten die Zuschauer. Wildeste Ausgelassenheit herrschte. Die kindlichen Festtage wurden häufig verlängert, manchmal bis zum 4. Januar – ein wahrer Faschingsreigen. Der Pöbel war begeistert. Das Basler Konzil trat eigens wegen dieser Ausschreitungen zusammen, konnte aber dem Treiben nicht Einhalt gebieten.

Nun ist das Straßburger Münster, wie es vielleicht den Anschein haben könnte, nicht allein ein Hort unsäglicher Sittenlosigkeit gewesen. Johan Huizinga führt viele Dokumente des Spätmittelalters an, in denen auch in anderen Regionen Europas Kathedralen zur Zeit heiligster Feste wie Weihnachten oder Karfreitag durch den umtriebigen Pöbel entweiht wurden. Kartenspielen, Fluchen und schändliche Reden sowie liederlicher Gesang, zu dem getanzt wurde, hatten sich damals fest eingebürgert. Die Messe besuchten nur noch wenige Gläubige. Sie begnügten sich damit, das Weihwasser zu berühren und ein Heiligenbild zu küssen. Die Metten musste der Priester allein lesen.

Der Bischof war machtlos, und der Magistrat ging nur halbherzig gegen die Missbräuche vor, da oftmals dessen Mitglieder selbst involviert waren. Und wenn sie die Bürger zu einem sittsamen Benehmen in der Kirche ermahnten, antworteten diese, dass die hohen Herren, die Pfaffen und Prälaten, selbst ungestraft am schändlichen Spiel teilnehmen konnten.

Johann Geiler von Kaysersberg war einer der wenigen, die sich mit energischen Predigten im Straßburger Münster gegen die Sittenlosigkeit durchsetzen konnte. Es gelang ihm, mit Hilfe des wackeren Domdekans Friedrich von Zollern, wenigstens die Pfingstwallfahrt vom „Wilden Weib von Geispolsheim" zu befreien – sehr zum Unwillen achtbarer Bürger, die das Domkapitel vergeblich bestürmten, diesen alten und liebenswerten Brauch nicht abzuschaffen. Doch Geiler konnte sich durchsetzen. Erfolge konnte er auch mit seinem Vorgehen gegen die schändlichen Orgien in der Nacht vor dem Kirchweihfest verbuchen. Sie wurden, wie uns Wimpfeling mitteilte, auf sein Betreiben eingestellt.

Auch dem Magistrat, der die Kirche kontrollierte, waren einige Missstände zuwider. Vergeblich kämpfte er gegen den so genannten „Kindleinstag", dem Tag des „Bethlehemitischen Kindermords" an. Er erreichte lediglich, dass dem Knabenbischof verboten wurde, den Altar zu beräuchern und die Vesper zu lesen. Die Maskeraden, Narreteien und andere Ausschreitungen konnte er dagegen nicht verhindern.

Eine besondere Rolle während der Straßburger Zeit Geilers spielte der vom Volk umjubelte und von einem Teil der Geistlichkeit zutiefst verachtete Roraffe. Von Wimpfeling ist die Notiz überliefert, dass „das Brüllen oder Heulen aus der Larve unter der Orgel im Münster" während der Messe entschieden zu verbieten sei. Geilers Kampf gegen diese Unsitte erwähnte er allerdings nicht – wahrscheinlich deswegen, weil diesem kein Erfolg beschieden war. Mit der Nennung des ungeliebten Geräuschs unterhalb der Münsterorgel zielte Wimpfeling auf den „Roraffen". Der Roraffe – was war das für ein Wesen?

Alten Berichten zu Folge befanden sich neben dem Orgelgehäuse zwei bemalte, fast lebensgroße Holzfiguren. Die eine war in den städtischen Farben rot-weiß gekleidet und hielt eine Trompete in der Hand, die andere, schwarzbärtig und mit einer rot-weißen Kappe bedeckt, steckte in einer einfachen bürgerlichen Tracht. Sie hielt eine Brezel in der Hand. Neben den beiden Gesellen befand sich noch ein Simson, der den Löwen bändigt. Alle drei Figuren waren mit einem komplizierten Mechanismus versehen, der von der Orgelbühne aus bedient werden konnte: Simson öffnete und schloss den Rachen des Löwen, der Trompeter hob und senkte sein Instrument, und der andere Mann, der so genannte Brezelmann, tat es ihm mit dem Gebäck gleich. Noch im 17. Jahrhundert sprach man vom elsässischen „Bretstellmann, sonsten Rohraff genannt“. Brezelmänner, also Bäcker, die ihre Brezeln auf dem Markt und mit Vorliebe vor und im Münster feilboten, gehörten zu einer beliebten merkantilen Einrichtung in Straßburg. Der elsässische Volksprediger Thomas Murner aus Obernai (1475–1537) schrieb in seiner 1522 veröffentlichten Satire „Von dem großen Lutherischen Narren“:

> So eß der münch kein rückenbrot, der roraff hat ihm
> die bretstell geben, darvon mag er noch vil jar leben.

Der Brezelmann also ein Roraffe? Übrigens wurde auch der Trompeter so tituliert. Doch wie mochte es zu dieser seltsamen Bezeichnung gekommen sein? Geiler und Wimpfeling haben darauf hingewiesen: Die Figuren brüllten und heulten – und zwar während des Gottesdienstes. Im Mittelalter nannte man närrische Menschen, die alles ins Lächerliche ziehen, Affen – eine Bezeichnung, die sich bis heute gehalten hat. Das „Ror“ vor „Affen“ lässt sich aus dem mittelhochdeutschen Verb „rêren“ ableiten, was mit „brüllen“ oder „blöken“ zu übersetzen ist – englisch übrigens „to roar“. Wir haben es also mit dem Brüllaffen zu tun.

Der zur Zeit von Geilers Amt lebende Stiftsherr Schott berichtete, dass während der Predigt, der Firmung und selbst während des Hochamts ein munterer Geselle hinter die Figur des Brezelmanns oder des Trompeters kroch, um in den Kirchenraum zu brüllen und auf diese Weise den Gottesdienst zur Belustigung des Landvolks nachhaltig zu stören. Geiler meinte sogar, dass die Störenfriede in die Figuren hineinschlüpften, um aus ihnen herauszuheulen, was eher unwahrscheinlich und metaphorisch zu verstehen ist. Geiler wusste um den Anschein, den die Figur erwecken sollte: Der Roraffe selbst war es, der das schroffe Stören inszenierte – eine Person konnte und sollte nicht namhaft gemacht werden. Geiler aber kannte die Urheber und nannte die Institution, die für das Funktionieren des Roraffen sorgte: Der Magistrat war es, der die „Brüller" finanzierte. Tatsächlich gibt das Münsterarchiv ausführlich Auskunft darüber, dass Münsterknechte, die das Amt des Brüllaffens versahen, von den Stadtvätern gut besoldet wurden: „Schilling dem knechte, der in den roraffen ruft" ist in den Rechnungen ab 1416 besonders häufig zu Pfingsten verzeichnet.

Doch nicht nur städtische Beamte gaben sich dazu her, sondern auch Geistliche, wie Geiler vermerkte. Obwohl der Magistrat versprach, offensichtliche Gotteslästerungen nicht mehr zuzulassen, habe er doch versucht, Priester zu gewinnen, die das Amt des Roraffen übernehmen sollten.

„Unfur und Gottesschmach!", zürnte Geiler von der Kanzel herunter und scheute auch nicht davor zurück, die hohen Herren des Magistrats in seinen Predigten anzugreifen. Im Herbst des Jahres 1500 rang er die Hände und rief seiner Gemeinde verzweifelt zu, dass die „Herren des Rats des Teufels" seien. Erschrocken wichen die Verantwortlichen zurück und forderten umgehend eine Erklärung zu diesen ungeheuerlichen Anschuldigungen. Also griff Geiler zur Feder und schrieb die berühmten „21 Artikel", die er am 27. Januar 1501 dem Stadtrat persönlich vortrug. Nicht allein von den Störungen des Gottesdienstes handelten diese Artikel, sondern grundsätzlich von der gegenwärtigen Verfassung der Kirche. Doch die Umtriebe des Roraffen wurden in einem eigenen Artikel und im „Prologus" aufs ausführlichste behandelt.

Ein Widerspruch wird deutlich: Wenn der Magistrat die Aufgabe zu versehen hat, für Ruhe, Ordnung und einen störungsfreien Gottesdienst zu sorgen, wie passt es da, dass er bezahlte Brüller in die Kirche schickt – unter ihnen städtische Angestellte und Priester?

Der Roraffe oder das Roraffenspiel ist möglicherweise auf das 13. Jahrhundert zurückzuführen. Schon damals soll es im Straßburger Münster dem Roraffen ähnliche Figuren neben der Münsterorgel gegeben haben. Aus der Zeit um 1380 ist uns ein Gedicht überliefert, in dem der Roraffe sich bitter darüber beklagt, dass man ihn nicht mehr im verdienten Maße beachtet, seitdem der Hahn der neuen astronomischen Uhr alle Aufmerksamkeit auf sich zieht. Wie wir der Chronik von Friedrich Closener entnehmen können, entstand die erste astronomische Uhr in der Zeit von 1352 bis 1354. Demnach existierte der Roraffe schon zuvor. Übrigens entstammt der Hahn, den wir heute auf dem Uhrengehäuse sehen, der zweiten Fassung von 1574. Er ersetzte den älteren, der seine neue Bleibe im Frauenhausmuseum gefunden hat.

Zur Volksbelustigung trug das Roraffenspiel bei, und es war aus dem Münster nicht mehr wegzudenken. Besoldete Roraffenspieler wurden von den Stadtherren auf die Orgelempore geschickt – sehr zum Leidwesen des Priesters und der Domherren. Für die Straßburger Bevölkerung aber avancierte der Roraffe rasch zum Inbegriff ihres derben Volkswitzes. Und so verwundert es kaum, dass Geiler mit seinem strikten Vorgehen gegen diese Unsitten nur bei der Geistlichkeit und bei wenigen Gläubigen Zuspruch erntete. Das Volk und die Stadtherren wollten auf ihre Spaß-Institution nicht verzichten, weswegen der gestrenge Geiler im Volksmund auch „Kanzelposaune" genannt wurde.

Immer wieder unternahmen Mitglieder des Magistrats Versuche, Geiler milde zu stimmen. Das Pfingstfest sei reine „Purensalb – man achtet ir nit". Mit anderen Worten: Der Pfingstgottesdienst gelte doch in erster Linie den Bauern – er sei „Purensalb", also Bauernsalbe. Nun solle man doch den Städtern, die mit den Bauern nichts im Sinn hätten – „man achtet ir nit" – das Vergnügen lassen, die Landbevölkerung ein wenig zu verspotten. Doch auf derartige Beschwichtigungen ging Geiler nicht ein. Er verbiss sich regelrecht in seinen Feldzug gegen den Roraffen – und verlor ihn. Geiler weist übrigens auf eine Schutzfunktion des Roraffen hin: Offensichtlich erfüllte er auch die Aufgabe, wie ein närrischer Schutzengel über die Stadt zu wachen, weswegen er bei Laune gehalten werden müsse.

Merkwürdig, dass Geiler, der den derben Spott in Sebastian Brants „Narrenschiff" lobte, sich so ablehnend und kompromisslos gegenüber den Münstersitten zeigte. Der Roraffe überlebte den strengen Priester. Geiler starb 1510 in Straßburg. Der Alt-Straßburger Poet Johann Fischart, der einer späteren Generation angehörte – er starb 1589 –, konnte sogar diese Münsterbräuche ganz im Sinne der Straßburger Volksseele erklären: „Ist es nicht angenehmer, ermahnt werden mit Scherzen, denn mit Schmerzen?"

Mit dieser Maxime rechtfertigten viele Bürger und der Magistrat ihren Roraffen. Da Fischart lange nach seiner Zeit lebte, konnte Dietmut diesen Ausspruch nicht kennen. Wohl aber war er mit den Roraffenspielen vertraut, sei es, dass er davon im Wirtshaus gehört hatte, oder selbst in den zweifelhaften Genuss einer „Orgeldarbietung mit Roraffe" während eines Gottesdienstes gekommen war. Sein erster Eindruck vom Münster war jedenfalls sehr zwiespältig.

Schon drei Tage hielt sich Dietmut in der Stadt auf. Seine Geschäfte liefen bislang gut. Auch mit seinem Freund Fridolin konnte er einige Abschlüsse verbuchen. Abends traf man sich am Schanktisch.

„Händler, Jäger, Schweine und Hunde treiben sich im Gotteshaus herum! Was für eine Entwürdigung!" Ernst schaute Dietmut drein, doch Fridolin, der ihm gegenüber saß, lachte nur. Aus einem irdenen Weinkrug füllte er die Becher und schob einen davon über den blanken Holztisch zum Händler hinüber. Dietmut nachdenklich: „Euer Münster, lieber Fridolin, erscheint mir nicht nur als ein Marktplatz oder eine Schankwirtschaft, sondern zudem noch als ein Ort maßloser Eitelkeiten, eine Schaubühne übertriebener Höflichkeiten."

Fridolin, der die besonderen Münstersitten kannte, bemühte sich, den Freund nicht zu verstören. Am liebsten hätte er mit den Schultern gezuckt und mit einem „so ist es nun einmal!" auf den köstlichen Wein verwiesen. Doch aufmerksam hörte er den Schilderungen Dietmuts zu:

„Während der Messe – das kleine versilberte Pacificale wurde zum Küssen gereicht – konnten sich die vornehmen Damen nicht einigen, wer zuerst in den Genuss des Rituals kommen sollte. Jede versuchte der anderen den Vortritt zu lassen. Und dabei ging es laut her mit kurzen spitzen Überraschungsschreien und immer wieder neuen Vorschlägen, wem das Täfelchen nun gereicht werden solle."

Pacificale.
Ein kleines Metalltäfelchen, das versilbert oder vergoldet und mit Darstellungen aus der Heilsgeschichte versehen war. Das Pacificale wurde Adligen oder vornehmen Bürgern seit dem 13. Jahrhundert zum „Friedenskuss" gereicht (üblich noch im 18. Jahrhundert). Häufig war damit die Vergebung der Sünden verbunden.

Verhalten lächelte Fridolin. „Wie Recht du hast, Dietmut. Doch das ist nicht einmal das Ärgste. Es dürfte unter den normalen Eitelkeiten des Kirchgangs verbucht werden."

Er stellte den Krug auf den Tisch und lehnte sich zurück. „Schlimmer sind die Dirnen im Gotteshaus. Herausgeputzt und frech treiben sie sich während der Messe zwischen den Säulen und – du glaubst es nicht – vor dem Altar herum. Ich kenne es nicht anders, möchte fast sagen, dass ich mit diesen Kirchensitten aufgewachsen bin."

Entsetzt schaute ihn Dietmut an. „Aber Vater und Mutter …, ich meine, wie haben deine Eltern …" Der Freund unterbrach ihn. „Der Vater war immer darauf bedacht, dass wir Kinder während des Gottesdienstes möglichst weit in den hinteren Bänken saßen, damit uns nicht die frechen Gesten und aufreizenden Blicke der grellen Dirnen vor dem Altar von der Andacht ablenkten." Dietmut sperrte die Augen weit auf und starrte ins Leere. „Dann waren es tatsächlich Dirnen, die ich heute während der Messe beobachtet habe?"

„Möglicherweise", antwortete Fridolin. „Sie sitzen vor dem Altar und schauen auf die Gemeinde. Wenn der Blickkontakt zu einem Jüngling hergestellt ist … flüchtige Zeichen. Vielleicht wartet man noch bis zum Ende der Messe – dann trifft man sich im Seitenschiff und verschwindet durch das nördliche Portal vorbei am Schmerzensmann."

Verhalten schlug Dietmut mit der flachen Hand auf den Tisch. „Aber das ist doch Kuppelei, eindeutige Kuppelei. Warum in Gottes Namen schreitet der Magistrat nicht ein?" Fridolin schmunzelte: „Wie willst du den leichtfertigen Weibern ihr Geschäft in der Kirche nachweisen? Es gibt zwar Verordnungen zur züchtigen Bekleidung von Frauenpersonen und zum ruhigen Verhalten während des Gottesdienstes, aber …"

Dietmut hob das Weinglas: „Aber diese Verordnungen, willst du sagen, werden sehr, sehr weit ausgelegt. Und solange Stadträte selbst die Kirche für ihre Geschäfte missbrauchen, sollte sich niemand wundern, dass auch andere Personen ihre eigenen Geschäfte verfolgen."

Im 14. und 15. Jahrhundert war das Münster häufig Schauplatz bürgerlicher oder herrschaftlicher Eitelkeiten. Das barocke „teatrum mundi“ scheint in der spätmittelalterlichen Kirche seinen Vorläufer gefunden zu haben. Die Kirche wurde als Bühne eitler Selbstdarstellungen betreten und die Messe als vorgegebene Choreographie eingeschätzt, die für die eigenen Auftritte genutzt werden konnte. Sicherlich ist der szenische Tumult einer barocken Bühne nicht zu vergleichen mit den Alltagsdarbietungen eines Kirchenbesuchs im Mittelalter, doch spielten sich eben auch schon im Spätmittelalter bühnenreife Szenen während des Kirchgangs und der Messe ab.

Einen genauen Einblick in dieses Szenarium vermittelt der französische Dichter Eustache Deschamps (1345–1404). Von ihm sind etwa 1500 Gedichte – darunter 1100 Balladen und 200 Rondeaus – erhalten, in denen er ein Zeitgemälde der Sitten, den Niedergang der katholischen Kirche und die Soldateska des Hundertjährigen Krieges beschreibt.

In einem Gedicht geht es um die „offrande“, um die zum theatralischen Ritual ausgeschmückte Überreichung des Almosens. Wer soll als erster oder als erste zum Altar treten?

> Bitte geht voran – aber nein doch! – Geht doch!
> Ganz gewiss müsst Ihr's tun, liebe Base.
> Nein, ich tu's nicht. Ruft unsre Nachbarin,
> Denn ihr steht's noch mehr zu, vorher zu opfern.
> Ihr solltet das nicht dulden.
> Spricht die Nachbarin: Das gehört sich nicht
> Für mich: Opfert, denn nur an Euch liegt's,
> Dass der Priester nicht amtet.

Dieses lächerliche Gebaren war – das ist leicht vorstellbar – verbunden mit entsprechenden Gesten und einem tänzelnden Vor- und Zurückspringen. Der Gottesdienst wechselte über in eine Miniaturposse. Auf jeden Fall war an eine Fortsetzung der Messe nicht zu denken. Der Gemeinde, die sich damals erwartungsgemäß in die Rolle von Zuschauern versetzt sah, war es Recht, da sie – bis auf wenige Ausnahmen – mit diesem quasi-sakralen Procedere vertraut war und die Darbietung goutierte.

Weitere komödiantische Einlagen folgten. Deschampes, ein genauer Beobachter der damaligen Kirchensitten, berichtete, dass die Betenden und Singenden hofften, den Fortgang des Gottesdienstes durch jokose Elemente ein wenig aufzuheitern. Eine beliebte liturgische Gelenkstelle bot sich mit dem „Pacificale" an, dem Kusstäfelchen, das vom Priester an vornehme Damen und Herren überreicht und von jenen nach dem Kuss weitergegeben wurde. Doch auch hier kam es zu überzogenen Höflichkeitsfloskeln und -gesten:

> Antworten soll die junge Frau.
> Nehmt Ihr's – ich nehm's nicht, Herrin.
> Doch, doch, nehmt es, süße Freundin
> Ich nehme es bestimmt nicht.
> Man hielte mich ja für eine Närrin.
> Gebt es dem Fräulein Marote.
> Aber nein, Jesus Christus bewahr' mich davor!
> Reicht es meiner Herrin Ermagart
> Herrin, bitte nehmt es. Bei der Heiligen Maria!
> Reicht das Friedenstäfelchen der Frau Amtmann
> Nein, vielmehr der Frau Statthalter.
> …

Eine Choreographie, die drohte, in eine bizarre Endlosschleife abzugleiten, wenn sie nicht von der Frau Statthalter beendet worden wäre. Die Teilnehmerinnen waren sich darüber im Klaren, dass jede Ablehnung des Täfelchens für den Sünden-Vergebungs-Kuss das Spiel fortsetzte. Man musste sich immer wieder neue Varianten einfallen lassen, um die Komödie am Laufen zu halten.

Doch für die Menschen des Spätmittelalters handelte es sich hier nicht ausschließlich um ein graziles Menuett vor dem Altar, sondern auch um eine – wenn auch neuartige – Geste der Demut dem Mitbürger gegenüber. Strenggläubige Männer und Frauen empfanden diese „Artigkeiten" des Sich-Zurücknehmens im Verlauf der Messe als Zeichen frommer Verehrung gegenüber der Liturgie. Man kann durchaus hervorheben, dass in diesen Spielen, die liturgisch außerplanmäßig einzurechnen waren, noch der ethische Gehalt der sozialen Kommunikation vor dem Altar zu verspüren ist. Da dieses quasi-sakrale Menuett, wie Deschamps unmissverständlich hervorkehrt, im Dialog zwischen Herrin und Zofe stattfindet, dürfte das Augenmerk auf die Gleichstellung beider Stände – aber nur vor dem Altar – gelenkt werden. Das wiederum dokumentiert, wie Huizinga treffend bemerkt hat, deutlich den Hochmut des Adels gegenüber seinen Untergebenen.

Keine Frage, dass der Kirchgang ein gesellschaftliches Ereignis war: Sehen und gesehen werden! Der Gang zum Münster war für die jungen Leute voller Erwartungen. Dort hofften die Galane die Damen ihrer Wahl zu treffen. Während der Priester die Messe las, wandelten die Pärchen schwatzend umher.

> Wenn ich oft in die Kirche gehe,
> So allein deshalb, um die Schöne zu sehen,
> Die frisch ist wie eine junge Rose.

So einige Zeilen von Christine de Pisan (1363–1430), der Tochter eines Gelehrten am französischen Hof König Karls V. Christine, die in Paris eine Schreibstube unterhielt und Schriften von jungen Autoren und Autorinnen herausgab, publizierte ein umfangreiches Werk, in dem sie ihre damalige Zeit illustrierte und kritisierte. Eher unbedenklich beschrieb sie die „Kirchensitten“, da es zum Alltag gehörte, seine Herzdame in der Kirche zu treffen. Der Liebhaber konnte bei dieser Gelegenheit seiner Schönen das Weihwasser reichen oder ihr eine Kerze anzünden. Natürlich wurden auch Verabredungen getroffen.

Das Kirchenschiff als „Laufsteg“ neuester Moden zu bezeichnen, ist nicht einmal abwegig. Der junge Mann wollte in seinem Kostüm glänzen, und das Fräulein versuchte die Konkurrenz zu übertreffen. Und wie sie herausgeputzt waren! Die Kleidertracht erlebte zwischen dem 14. und 15. Jahrhundert eine maßlose Übertreibung. Das trifft besonders für den französisch-burgundischen Raum dieser Zeit zu. Edelsteine bedeckten das tief ausgeschnittene Kostüm der Frauen – damals kam das Decolleté auf. Das Haar an den Schläfen oder am Ansatz der Stirn entfernten oder verbargen sie, um die gewölbte Stirn in aller Reinheit zu zeigen. Die Männer kamen in langen Schuhschnäbeln, eng geschnürten Taillen und ballonartig gepufften Ärmeln daher, die an den Schultern kleine Hügel bildeten. Den Kopf bedeckte eine hohe, zylinderförmige spitze Mütze.

Mit der bizarren Kleidermode, dem auffallenden Flanieren und den suchenden Blicken des Jünglings nach einer Dame seines Herzens hielt auch das Erotische Einzug in die Kirche, zumindest in die religiöse Sphäre. Die berühmte und in diesem Zusammenhang immer wieder zitierte „Antwerpener Madonna“ von Jean Fouquet von 1450 belegt diese Verbindung zwischen dem Anrüchigen und dem Sakralen in nicht einmal zweideutiger Weise. Die so genannte Dame de Beauté, die Madonna mit dem Kind, gehört zu einem Diptychon. Auf der linken Tafel beten der Auftraggeber, Étienne Chevalier, mit dem Heiligen Sebastian die auf der rechten Tafel wie eine dirnenhafte Modepuppe posierende Madonna an. Schläfen- und Stirnansatzhaare sind rasiert. Die linke Hälfte ihres Decolletés ist heruntergeklappt, so dass ihr praller Busen wie ein Silikonball hervorplatzt. Denis Godefroy, ein Historiker aus dem 17. Jahrhundert, behauptete, dass die Madonna Züge der Agnès Sorel, einer königlichen Mätresse, trage. Möglich wäre das, da Chevalier das Amt des königlichen Schatzmeisters bekleidete. Godefroy wies auch nachdrücklich darauf hin, dass sich dieses Diptychon noch zu seinen Lebzeiten in der Kathedrale von Notre-Dame in Melun befunden hatte. Heute können wir die Tafel mit dem Auftraggeber in Berlin (Staatliche Museen) und die mit der Madonna im Antwerpener Museum für Schöne Künste betrachten.

Wie der französische Priester Michel Menot zu Beginn des 16. Jahrhunderts in einer Ausgabe seiner Predigten schilderte, trieben sich Dirnen in der Kirche umher, vorzugsweise während des Gottesdienstes, um rasche Bekanntschaften zu machen. Dabei verteilten oder verkauften sie unzüchtige Bildchen, um junge Männer anzulocken. Sie setzten sich auf die Stufen des Altars und blinzelten in die Menge der Gläubigen, um sich anzubieten …

> Als etliche lichtvertige frowen bitzhar in den münster uf die staffelen für die altar gesessen sint, dem altar und dem gotsdienst den rücken gekört und die lüte angeschouwet haben, als obe sie gotsdienst nit achteten …

Diese Zeilen stammen aus einer Anordnung des Straßburger Magistrats aus dem Jahre 1470, um der Kuppelei im Münster entgegenzutreten. Doch was unternahmen die Herren? Sie verfügten, die Namen solcher Frauen notieren zu lassen, um sie dem „sübenen“, dem so genannten Siebnergericht, zu übergeben. Das sollte auf Besserung der Sitten pochen, andernfalls oder im Wiederholungsfall die Dirnen ein Strafgeld zu entrichten hätten.

War es denn überhaupt möglich, Kuppelei und damit den unsittlichen Zweck einen Plausch zwischen Mann und Frau während des Gottesdienstes nachzuweisen? Den Münsterknechten, denen die Oberservierung oblag, wurde Unmögliches zugemutet:

> Wo sie auch frowen und man in dem Munster oder in den capellen argwöhnlich by einander sehent ston, die sollent sie heissen hinweg gon; und wolten sie sich nit daran keren, so sollent sie es eim schaffener sagen und furbringen, wer die seynt, und soll es der schaffner darnach auch furbaß sinen obersten verkunden und sagen.

Offensichtlich gelang es dennoch, die eine oder andere unzüchtige „frowen“ aus der Kirche zu entfernen und sogar zu bestrafen, da in einigen aktenkundigen Fällen solche Frauen gefasst und ihres Schleiers und Mantels entledigt wurden, bis die Sünderinnen gegen zwei Schilling Strafe ihre Kleidung zurück erhielten.

Überliefert ist, dass Jahre später das Strafmaß für unsittliches Verhalten während des Gottesdienstes herabgesetzt wurde, und zwar von zwei auf einen Schilling. Möglich, dass nicht nur die Münsterknechte, sondern auch Mitglieder des Magistrats in die Geschäfte mit den Dirnen verwickelt waren. Eine eindeutige Regelung hätte doch besagen können, die Münsterknechte zu ermächtigen, Dirnen und mit ihnen andere störende Personen aus der Kirche hinauszuwerfen.

In anderen Städten erließ der Stadtrat so genannte Kleiderordnungen, wie beispielsweise 1478 in Lübeck, wo auf einer Tafel die für Dirnen erlaubten und verbotenen Kleider verzeichnet waren. Wer des Lesens nicht kundig war, stand in der Pflicht, sich diese Kleiderliste vorlesen zu lassen.

Aus dieser Zeit ist auch eine entsprechende Kleiderordnung für Würzburg überliefert. In der Bischofsstadt sollen die

Dirnen in der Kirche und auf den Straßen mit „zirlichen und costbarn cleyderen und gewanden von gold, silber, samatt und edelen gesteynen gefasset und becleydet“ einher stolziert sein, dass die „ehrbaren Frauen“ keine Möglichkeiten sahen, sich auf Grund ihrer Kleidung von dem sittenlosen Weibervolk deutlich abzusetzen. Der Bischof – es war um 1490 Rudolf von Würzburg – musste einschreiten. Er erließ eine detaillierte Kleiderordnung für Dirnen, die eine den Bürgersfrauen vorbehaltene vergleichbare prunkvolle Kleidung zu tragen verbot. Bei Übertretung dieses Gebots drohte eine Geldstrafe von zehn Gulden und der Verlust der Kleidung.

Die Ordnungen und Erlasse sowie die Strafandrohungen waren lächerlich und führten daher immer wieder zu Auseinandersetzungen zwischen dem Bischof und dem Magistrat. Möglicherweise betrachteten Vertreter der Stadt und der Kirche solches Treiben während der Messe als einen, wenn auch nicht unbedingt sehr angemessenen, traditionellen und volkstümlichen Teil des Gottesdienstes, der Großzügigkeit und Nachsehen erforderte. Über eines war man sich allerdings klar: Polizeimaßnahmen würden kaum etwas an diesen Zuständen ändern. Das lassen uns übrigens auch Dokumente des Straßburger Stadtarchivs wissen.

Um eine grundlegende Besserung der sittlichen Einstellung zum Gottesdienst und zum Kirchgang zu erreichen, bedurfte es einer starken moralischen Kraft und einer damit verbundenen eindringlichen Rhetorik, wie beispielsweise die des Geilers von Kaysersberg, der das Volk nicht nur belehrte, sondern es zur Vertiefung seines religiösen Empfindens zu motivieren suchte.

Der Steinmetz im Fenster – Alltagsbilder

Die Freiburger Zunftfenster. Das Prodigusfenster in Chartres. Die Lebensalter und die Tätigkeiten des Menschen. Volkstümliches: Der Fürst der Welt – Vorne hui, hinten pfui! Die Freiburger Wolfsschule und die Himmelfahrt Alexanders

Farbiges Licht umgibt die Besucher, wenn sie das Freiburger Münster betreten und zwischen den schlanken Pfeilern wandeln. Das Licht gleitet durch den Raum in immer wieder unterschiedlichen Färbungen und Schattierungen, je nachdem, ob eine grelle Sommersonne das Münster belagert oder ein milder Herbstnebel den Markplatz umschleiert.

Die Geschichten, die uns die Fenster zu erzählen haben, durchstrahlen den Raum. Es sind die so genannten Zunftfenster im nördlichen und südlichen Seitenschiff, die besonders anziehend wirken. Schnell sind die einzelnen Zünfte ausgemacht. Das Bäckerfenster im nördlichen Seitenschiff, ziemlich weit im Westen, also nahe dem Innenportal gelegen, lässt unübersehbar sein Zeichen, eine Brezel im roten Wappen, aufglühen. Die Brezel wird flankiert von zwei länglichen Brötchen vor einem tiefblauen Grund. Ornamentbänder winden sich elegant in die Höhe und sparen Rundfenster aus, in denen vom Leben und Martyrium der heiligen Katharina berichtet wird: Die bereits zum Christentum bekehrte junge Frau sollte einen Heiden heiraten, den Sohn des Kaisers Maxentius in Alexandrien. Das war eine ausgemachte Sache, und sie durfte sich dem Wunsch ihres Vaters nicht widersetzen. Dennoch weigerte sie sich standhaft, wurde gefoltert und, nach mehrmaligen Tötungsversuchen, schließlich enthauptet.

Eine besonders eindrucksvolle Szene erkennen wir links unten im dreiteiligen Fenster. Katharina steht, elegant gekleidet und mit dem stilistisch obligaten hochmittelalterlichen Hüftknick, vor dem Kaiser. Hinter ihr ragt eine Säule mit Idolen auf. Der Kaiser fordert von ihr, Gott zu verleugnen. Die Idole wanken, und Katharina bleibt standhaft. Das Todesurteil folgt; sie soll gerädert werden. Diese Szene entdecken wir oben im linken Zwickel: Zu einem letzten inbrünstigen Gebet sinkt sie vor dem Rad in die Knie. Da zuckt ein Blitz aus dem Himmel und zerstört das Rad.

Das Bäckerfenster wird im oberen Spitzbogenfeld von drei Tondi, die von Dreipässen begleitet werden, abgeschlossen. In diesen Maßwerktondi verheißen Gottvater und die Fürbitterin Maria sowie der Schmerzensmann Erlösung vom irdischen Übel. In den zwickelartigen Außenfenstern finden wir wieder die Brezeln.

Tondo:
Rundfenster
Dreipass:
Kleeblattförmig gestaltete und ausgesparte Blumenfelder

Wie kommen die Bäcker zur Märtyrerin? Zusammen mit Barbara und Margareta gehört Katharina zu den so genannten „Virgines capitales", den drei Hauptnothelferinnen gegen Leiden aller Art und Gehemmtheit der Zunge. Dass Letzteres sich auf die Sprachfertigkeit der Bäcker bezieht, die rhetorisch geschickt ihre Waren anpreisen, ist eher unwahrscheinlich. In erster Linie war Katharina die Schutzpatronin der Mädchenschulen und der Studenten der Philosophie. Dann erst wird sie wegen ihres „Rad-Martyriums" als Patronin der Wagner und der Müller genannt – weil diese Berufsgruppen es mit der Fertigung und Anwendung vor Rädern zu tun haben. Der Schritt vom Müller zum Bäcker ist nahe liegend, demnach dürfte Katharina auch für die Brezelmacher zuständig sein.

Das Freiburger Münster wurde erst im 18. Jahrhundert zur Bischofskirche erhoben. Im Mittelalter entfaltete es seine noble bürgerliche Gesinnung nicht nur in der Bildwelt der Glasfenster, sondern auch in zahlreichen Skulpturen und Gemälde. Bleiben wir aber bei den um 1320 entstandenen Glasfenstern, da hier in einzigartiger Weise die Alltäglichkeit des städtischen Handwerks mit der Heilsgeschichte verknüpft wird.

Das dem Bäckerfenster benachbarte Glasfenster der Schmiede-Zunft steht in einem aufregenden farblichen Kontrast zum eben beschriebenen Fenster. Während bei den Bäckern tiefe Blau- und warme Rottöne dominieren, erscheinen die Fenster des Schmiedhandwerks hell und klar in zarten Gelb- und Goldtönen sowie in himmelblauen Grundfarben, die durch zarte rote Rautenmuster strukturiert werden.

Das Ornament bringt die Figur hervor. Das bewegte Szenarium ist eingebunden in ein waberndes Geflecht von Blumenbändern, filigranen Architekturdarstellungen und geometrischen Mustern. Im unteren Teil des dreiteiligen Fensters sind wieder die Wappen zu sehen: Hammer, Zange und Schlange. Warum eine Schlange? Möglicherweise bezieht sie sich auf die Georgs-Legende, in der die Schlange oder der Drache – beide verkörpern den Teufel – mit Hilfe eines geschmiedeten Schwerts getötet wurde. Über dem Wappen im mittleren Fenster erkennt man den Schmiedeheiligen St. Loy aus dem französischen Limoges, der in Deutschland als Heiliger Eligius heimisch wurde. Da er vornehm und ritterlicher Herkunft war, trägt er, der mittelalterlichen Mode folgend, einen pelzbesetzten und gefütterten roten Mantel. Der Künstler hat ihn in einer der Zunft entsprechenden Handlung dargestellt: Eligius beschlägt mit Hilfe seines Knechts einen Schimmel. Wenn man allerdings genauer hinschaut, entdeckt man, dass der Heilige einen abgetrennten Pferdefuß in der Hand hält. Da das Pferd sich nicht vor Schmerzen krümmt, sondern ruhig die Handlung abwartet, darf man ein Wunder vermuten: Nachdem Eligius das Hufeisen befestigt hat, setzt er den Fuß wieder an das Bein an. Voilà!

Vor seiner Tätigkeit als Hufschmied wurde der Heilige als Goldschmied ausgebildet und avancierte zum Münzmeister am königlichen Hof des Merowinger Chlotar. Er soll viele Reliquienschreine und andere „köstliche Dinge" wie Sättel oder goldene Reliquiare angefertigt haben.

Die unten links und rechts dargestellten Pferde verweisen auf den in Süddeutschland verbreiteten „Eulogiusritt", der übrigens heute noch unter anderem in Großschönach bei Überlingen am Bodensee und in Lenzkirch in der Baar stattfindet.

In den übrigen Fenstern dieser Zunft können wir die Geburt Christi und seine Kreuzigung oberhalb des Heiligen betrachten. Die Verkündigung im linken Fenster findet ihr Pendant rechts in der Heimsuchung – einer Szene, die wohl zu den anrührendsten im Münster zählt. Das biblische Wort „und ihnen hüpfte ein Kindlein im Leibe" – gemeint sind Christus und Johannes – überträgt sich auf die Bewegungen der jungen Frauen.

Für die der bürgerlichen Gesinnung eng verhaftete mittelalterliche Freiburger Pfarrkirche, dem heutigen Münster, war das Ineinanderfließen von Heiligenlegende, Passion und Zunftwesen eine Selbstverständlichkeit. Dennoch sind wir überrascht von der Grazie und Eleganz der Figuren, besonders der biblischen Frauengestalten. Sie könnten ebenso gut auf einer höfischen Bühne oder aber geziert mit dem Pacificale, dem Kusstäfelchen in der Hand, vor dem Altar agieren. In den Freiburger Glasfenstern scheinen die von den französischen Dichtern so anmutig, aber auch bizarr beschriebenen Kirchenszenen, die unser Händler Dietmut erlebte, illustriert worden zu sein (siehe Seite 104ff.).

Wenn wir eine lichtdurchflutete Freiburger Münster-Schönheitskönigin wählen möchten, sollten wir das Schneiderfenster unmittelbar neben dem Schmiedefenster aufsuchen. Hier geben sich die zierlichsten und elegantesten Frauen des Münsters ein Stelldichein. Unübersehbar die goldene Schere unten im mittleren Fenster und oben in den Zwickeln. Die Schneider stehen für Mode und bieten in Freiburg ihre beste Ware an – wahre Kunstwerke! Der überaus reizvolle Hüftknick der an ihrer Salbendose erkennbaren Maria Magdalena und Katharinas, die ein Rädchen auf ihren Fingern balanciert, mutet wie einstudiert zum Zweck der Präsentation exquisiter Kleidung an. Der schlanke und etwas gelängte Hals, der ein fein gezeichnetes Gesicht trägt, lässt vergessen, dass diese Frauen um ihrer Leiden Willen auf die Welt gekommen sind. Maria, durch ihre Krone schon als Himmelskönigin ausgewiesen, steht in einer vergleichbaren Haltung unter dem spitzbogigen Baldachin. Da sie aber den Christusknaben in ihrem Arm trägt, wirkt sie fülliger und gesetzter.

Keine Frage, in den Fenstern macht die Zunft auf ihre Produkte aufmerksam. Hier deutet sich aber auch das Szenarium eines Gottesdienstes an. Die edlen Damen verlassen ihre Fensterarchitektur und steigen herab ins Kirchenschiff, um im wiegenden Gang ihre Reize zwischen den Kirchenbänken zu entfalten. Selbst Maria, gekrönt zur Himmelskönigin mit ihrem Sohn, dem Erlöser auf dem Arm, würde nicht fremd wirken in der noblen Gemeindeschar zwischen den Säulen und vor dem Altar.

Das Tulenhauptfenster im südlichen Seitenschiff überrascht mit spannenden Geschichten. Wenden wir uns zunächst dem Wappen der Stifter zu. Die Familie Tulenhaupt gibt sich durch einen Lindenbaum – lateinisch „tilia“ – zu erkennen. Adelheid und Franz Tulenhaupt treten höchstpersönlich in Erscheinung, und zwar zu Füßen ihres Schutzheiligen, des Apostels Philippus, der ein goldenes Kreuz trägt. Von den Händen der Knieenden gehen Spruchbänder aus, die ihre Namen tragen. Dem Apostel gegenüber steht die Schutzmantelmadonna. Links davon sind Szenen aus der Legende des Heiligen Nikolaus dargestellt.

Was mag es mit den drei nackten Personen im Fass auf sich haben? Eine grausame Mutter, so die Legende, ließ ihre Kinder verhungern und pökelte sie in ein Fass ein. Der Heilige erschien und befreite die armen Seelen. Darüber eine weitere, nicht minder dramatische Szene: Nikolaus gelangt zum Haus eines armen Mannes, der seinen drei Töchtern die Aussteuer verweigern muss. Der Heilige reicht den drei jungen Frauen drei goldene Bälle, um ihre Zukunft zu sichern.

Die Nikolauslegende setzt sich im rechten Seitenfenster fort – mit einer unerhörten Geschichte: Ein Jude ließ sich eine Nikolausstatue anfertigen, um seinen Besitz schützen zu lassen. Doch Diebe brachen bei ihm ein und trugen seine Reichtümer fort. Entsetzt bemerkte der Jude den Verlust und schlug mit einem Stock auf das Heiligenbild ein. Nikolaus, der die Schläge spürte, konnte den Zorn des Mannes verstehen, suchte die Diebe auf, forderte deren Beute und brachte sie zum Juden zurück.

Die Tulenhaupts waren reiche Freiburger Kaufleute, die sich Nikolaus, dem Schutzheiligen der Seefahrer und Händler, anvertrauten. Wie die unteren Außenfenster zeigen, waren sie in Bergwerksgeschäften engagiert. Links ein Hauer mit Wickelgamaschen, Kittel und Schutzhelm, und rechts eine Grube, deren Inschrift „Dieselmuot" auf eine Grube auf dem Schauinsland, dem Freiburger Hausberg, hinweist, in der man Silber abbaute. Die weißen Gesteinsbrocken zu Füßen des Hauers und der mit Säcken gefüllte Förderkorb dürften auf das Edelmetall verweisen.

Einblicke in die Arbeit der Bergwerksleute: In wirtschaftlicher Hinsicht kam dem Berg Schauinsland eine besondere Bedeutung für die Stadt zu – eben wegen des Silberbergbaus, der die rege Handelstätigkeit noch verstärkte und für Wohlstand sorgte. Kein Wunder, dass neben dem Tulenhauptfenster noch ein weiteres Fenster im Münster dem Bergbau gewidmet ist, das möglicherweise von der Familie Schnewlin, die im

14. Jahrhundert am Bergbau beteiligt war, gestiftete Schauinslandfenster.

DIS GULTEN DIE / FRONER ZE DEM / SCHOWINSLANT

Die Inschrift verteilt sich auf die drei unteren Fensterbereiche und ist mit „Das gaben (gulten) die Bergleute (froner) vom Schauinsland“ zu übersetzen. Mit den Bergleuten konnten auch die Unternehmer gemeint gewesen sein, also Mitglieder der Schnewlin-Familie, die hier als Stifter auftreten.

Die grünen Hügel, auf denen Johannes der Evangelist, Christus und Petrus stehen, sollen zwei unterschiedliche Berge veranschaulichen, einen sakralen und einen profanen. Bezogen auf die christliche Ikonografie dürfte es sich hier um den Berg Tabor handeln, dem Ort der Verklärung Christi – wie im 17. Kapitel des Matthäus-Evangeliums beschrieben wird. Der Bildtext und die Gruben mit den Bergleuten verweisen dagegen eindeutig auf den Schauinsland. Die mit Helmen und Hämmern versehenen Grubenarbeiter sind dabei, Silber abzuschlagen – darauf deuten die weißlich glänzenden Wände inmitten des roten Sandsteins hin. Kleine Fackeln stecken im Gestein, um das Grubendunkel zu erhellen. Der Knappe im rechten Fenster ist gerade dabei, die Säcke mit dem Gestein zu verschnüren, bevor sie weitere Arbeiter in einem Korb verstauen, der dann ans Tageslicht befördert wird, so wie es im Tulenhauptfenster zu sehen ist.

Überraschend ist die exakte Darstellung der Arbeitskleidung der Bergleute. Bei den in Blautönen gehaltenen Helmen dürfte es sich um metallene Schutzhelme handeln – im Gegensatz zum gelben Helm des mit den Säcken beschäftigten Knappen, den man als Strohhelm identifizieren kann. Wahrscheinlich handelt es sich bei dieser Person nicht um einen Hauer – er ist also weniger gefährdet. Unter den Helmen tragen die Bergleute Kapuzen, die als Nackenschutz dienen.

Lange Ärmel, kurze Kittel und Wickelgamaschen fallen ebenfalls auf.

Die Zunftfenster des Freiburger Münsters sind in erster Linie im sakralen Kontext des Kirchenbaus zu lesen – es handelt sich lediglich um „signierte Stiftungen“, insofern sich die großzügigen Geldgeber mit ihrem Metier verewigten. Auffallend ist jedoch, welchen Raum die „Signaturen“ einnehmen, so als ob die Darstellung des Heilsgeschehens über das zu Wohlstand gelangte Bürgertum definiert wird. Alltägliches reduziert sich auf Wappen und Zeichen – nur im Tulenhaupt- und im Schauinslandfenster wird die Arbeit der Bergleute ausführlich dargestellt, wenn auch nur in Begleitszenen ohne jeden ikonografischen Bezug zur Vita Christi. Vielleicht ist letzteres sogar beabsichtigt gewesen, um das bürgerliche Selbstbewusstsein gegenüber dem Klerus zu behaupten: Gläubig und gottgefällig sind wir, doch unsere Arbeit, die uns zu Wohlstand und Reichtum führt, verrichten wir unabhängig von der Kirche.

Viele biblische Passagen des Alten und Neuen Testaments wurden im Mittelalter profanisiert, indem Künstler und Handwerker diese als zeitgenössische Genreszenen präsentierten – sei es im Glasfenster, im Teppich, im Chorgestühl oder als Skulpturenzyklus in Kapitellen oder Portalen.

Eine der populärsten mittelalterlichen Geschichten ist im 15. Kapitel des Lukas-Evangeliums nachzulesen. Es handelt sich um die Erzählung vom Verlorenen Sohn, die gleichnishaft für die Dynamik der Heilsgeschichte steht: Der Lebensweg des Menschen führt über Höhen und durch Tiefen zu einem glücklichen Ende, zur Vergebung der Sünden und zum Einzug ins Paradies. Metaphorisch bezieht sich die Geschichte also auf die Frohe Botschaft des Christentums.

Viele Glasfenster in Kathedralen Frankreichs, wie etwa in Sens, Poitiers, Auxerre, Bourges und Chartres, schildern mehr oder weniger ausführlich die einzelnen Stationen des

Vagabunden. Zu den bedeutendsten Fenstern zählt das so genannte Prodigus-Fenster der Kathedrale in Chartres. Es befindet sich im Chor und ist um 1210 entstanden. In Haupt- und Nebenszenen entfaltet sich ein faszinierendes Panorama des mittelalterlichen Alltagslebens entlang der Parabel vom Verlorenen Sohn.

> Und der Jüngste unter ihnen sprach zu dem Vater: Gib mir, Vater, das Teil der Güter, das mir gehört. Und er teilte ihnen das Gut.
>
> Und nicht lange darnach sammelte der jüngste Sohn alles zusammen und zog ferne über Land; und daselbst brachte er sein Gut um mit Prassen.

Nachdem er Haus und Hof verlassen hatte, trieb es ihn zu den Huren und schließlich zu Glücksspielern, wo er sein Geld und sogar seine Kleidung verlor. Halbnackt und nur mit einem Lendenschurz bekleidet, sitzt er über ein Brettspiel gebeugt. Eben noch umgarnt von den lüsternen Mädchen, von denen er eine keck am Hintern packt, um sie zwischen seine Schenkel zu ziehen, wird er in der nächsten Szene entkleidet und von derselben Dame mit einem Knüppel des Weges gewiesen. Er verdingt sich als Schweinehirt, umgeben von einem Hund, zahlreichen Ferkeln und Bäumen – fast eine Pastorale. Schließlich erreicht er bußfertig und demütig sein Zuhause und wird vom Vater aufgenommen. Mehr noch: Man schlachtet ein „gemästetes Kalb" und hängt in der Küche einen riesigen Kessel über der Feuerstelle auf. Ein Festmahl kündigt sich an. Begleitet von Gesang und Tanz sitzt der Vater zusammen mit den Söhnen an einem reich gedeckten Tisch. Von rechts eilen Diener herbei, der eine mit einem Krug auf der Schulter, der andere mit einer Schüssel in den ausgestreckten Händen.

Am ausführlichsten wird das Leben bei und das Treiben mit den leichten Mädchen geschildert, sowie die Vorbereitung und die Durchführung des Festmahls. Wenn auch diese beiden Erzählblöcke inhaltlich antithetisch aufgebaut sind – Sünde, Reue und Vergebung – stellen sie doch genüsslich ein Szenarium vor, das dem Treiben im mittelalterlichen Gotteshaus nicht einmal fremd gewesen ist, wie zahlreiche Dokumente beweisen (siehe Seite 108ff.).

Die in der Kathedrale aktiven Dirnen, Glücksspieler und Gourmets scheinen im Glasfenster ihre Entsprechung gefunden zu haben. Es ging den Künstlern und ihren Auftraggebern nicht nur um eine bildliche Darstellung ihres Alltagslebens, sondern um eine Demonstration des Ineinandergreifens von sakraler und profaner Sphäre. Das Alltagsleben fließt in das kirchliche Leben ein – zuweilen jenseits von Moral und Sitte.

Die Thematik des Verlorenen Sohns bezog im Mittelalter seine Popularität unter anderem auch von den Moralvorstellungen der Kirchenväter. Für Augustinus beispielsweise bedeutete Prostitution das „kleinere Übel" – übrigens bekräftigt auch von Thomas von Aquin. Die käufliche Liebe galt als „nützliche Sünde", da sie junge Frauen schützte, die noch nicht oder nicht mehr verheiratet waren. Erst im Spätmittelalter deuteten sich strengere Sitten an. Bei Geiler von Kaysersberg, der „Straßburger Kanzelposaune", kam bereits ein moralischer Fundamentalismus zum Ausdruck, der sich durchsetzte und unter anderem die Reformation Martin Luthers vorbereitete.

Neben den Glasfenstern waren es besonders die Skulpturen und Reliefs, die in und an der Kathedrale nicht nur die verschiedenen Aspekte der persönlichen Lebensumstände darstellten, sondern so etwas wie eine mittelalterliche Weltschau entfalteten.

Im Jahre 1334 ernannte der Florentiner Magistrat den Maler und Architekten Giotto di Bondone zum Dombaumeister. Giotto konzentrierte sich ganz auf die Planung des Campanile, des neben dem Dom aufragenden Glockenturms. Das betraf nicht nur die Architektur, sondern auch das ikonografische Programm. In einer einzigartigen Kombination von 54 Sechseckreliefs vereinen die unteren Geschosse ein faszinierendes Weltpanorama, in dem die antiken Götter und die christliche Heilslehre auf wundersame Weise mit dem menschlichen Leben verwoben sind. Die von Andrea Pisano und seiner Schule um 1340 und die von Luca della Robbia zwischen 1437 und 1439 gestalteten Reliefs gliedern die antike Götterlehre in den alttestamentarischen Erschaffungszyklus unserer Welt und zugleich in den christlichen Erlösungsgedanken ein. Die Erschaffung von Adam und Eva zeigt die beiden auch als wacker arbeitendes erstes Menschenpaar nach der Vertreibung aus dem Paradies. Die Nachkommen, wie etwa Jabal, werden als erster Viehzüchter und Noah als erster Weinbauer vorgestellt – eine Tätigkeit, die er bekanntlich vor dem Bau der Arche ausübte.

Für die Wissenschaften waren mythische und historische Gestalten vorgesehen: Dädalus stellt sich als erster Kunsthandwerker vor und Euklid und Pythagoras als die Meister der Geometrie und Arithmetik. Im oberen Geschossteil platzierten die Künstler, wahrscheinlich handelte es sich um Nachfolger des Andrea Pisano, eine Folge der sieben Planeten: Mond, Merkur, Venus, Mars, Sonne, Jupiter und Saturn. Es folgen die Darstellungen der sieben Tugenden, der sieben freien Künste und der sieben Sakramente.

Wenn wir nach der Bedeutung der Planeten fragen, sollten wir sie nicht nur im Kontext der Tugenden, Künste und Sakramente sehen, sondern auch im Zusammenhang mit den Reliefs des unteren Geschosses, mit den unterschiedlichen Tätigkeiten des Menschen. Die sieben Planeten beziehen sich auf die sieben Stufen des menschlichen Lebens, eine Kombination, die seit späthellenistischer Zeit bekannt war und spätestens seit Michael Scotus, dem Hofastrologen des Stauferkaisers Friedrich II., im Mittelalter populär geworden ist. Scotus sorgte für eine Wiederbelebung der arabischen Wissenschaften, in der das antike Wissen nach der Schließung der Hochschule von Athen im Jahre 629 gespeichert war und fortentwickelt wurde. Der spätantike Astronom Ptolemäus entwarf folgendes Schema: Luna – Kleinkind, Merkur – Knabe, Venus – Jüngling, Mars – Der junge Mann, Sol – Mannesalter, Jupiter – Der reife Mann und Saturn – Greisenalter. Nach antiken Vorstellungen kam den Planeten die Aufgabe zu, den Menschen zu bilden, seinen Charakter zu definieren und die entsprechenden Tätigkeiten zu bestimmen.

Lebensrad von 1461

Wie ist das zu verstehen? Merkur beispielsweise ist für das Alter von 5 bis 14 Jahren zuständig. Unter seiner Obhut genießen die Kinder ihren Schulunterricht. Venus wird dann für die höfische Erziehung der 15 bis 22-jährigen jungen Menschen verantwortlich gemacht. In einem spätmittelalterlichen deutschen Text sind die Aufgaben der Planetengötter genau beschrieben:

> Darnach vonn Sechß oder Syben jarenn byß auff zehen jar regyret Mercurius ein Meyster aller kunst. Darumb man dann das kynd sol zuo dem guotten ziehen, etwas lernen und zuo schuol thon … Von zwelff jarenn byß zuo end dyß Alters regyret Venus. Dann facht der knab an byebelen (herumschwärmen), und wechßt dann dem junckfrewlin der ayerstock, und heben an einander lyeb zuo haben. Darum sy dann mehr huot und straff bedürffen …

Diese entschieden astrologische Sichtweise, die Wissenschaftler und Künstler in zahlreichen mittelalterlichen Stichen vertieft haben, kann nur als eine Interpretationsgrundlage der Florentiner Campanile-Planeten verstanden werden. Die Planetengötter beziehen sich auf den Lebensweg des Menschen, der sich den Tugenden, Künsten und Sakramenten verpflichtet hat. Mit diesem komplexen Bildprogramm avanciert der Dom-Campanile zum Sinnbild des göttlich-geistigen und menschlich-profanen Kosmos.

In der Eremitani-Kirche von Padua treten die Planeten in eine enge Beziehung zu den menschlichen Lebensaltern. Der Maler Guariento d'Arpo hat unter anderem die erzieherische Tätigkeit von Merkur und Venus besonders hervorgehoben. Merkur erscheint als Magister und unterrichtet einen Jungen und ein Mädchen. Nach mittelalterlicher Vorstellung ist er in eine Mönchskutte gehüllt. Zu Venus haben sich ein junger

Mann und eine junge Frau gesellt. Die Göttin hebt einen Spiegel in die Höhe, Symbol der Selbsterkenntnis und zugleich Hinweis auf die höfische Erziehung. Diese beiden Darstellungen waren Teil eines Zyklus der Sieben Lebensalter aus der Zeit um 1365. (Durch einen Bombenangriff während des Zweiten Weltkriegs auf die Stadt sind die Kirche und damit auch die Fresken zerstört worden.)

Die Tätigkeiten des Menschen unter dem Einfluss des Planeten Saturn – Stich aus dem 15. Jahrhundert

Nach diesen Vorstellungen darf sich der Mensch in jeder Lebensphase und in jeder Tätigkeit als ein Kind der Planeten betrachten. So werden auch die Menschentypen und ihre spezifischen Arbeiten während der Dauer ihres Lebens von einzelnen Planeten bestimmt. In diesem Fall sprach man im Mittelalter von den „Planetenkindern".

Die in der Antike und im christlichen Mittelalter dominante Siebenzahl war eines unter vielen Lebensalter-Modellen. Vereinzelt war von vier Lebensaltern die Rede, besonders dann, wenn man die Tätigkeiten des Menschen im Jahreszyklus auf seine gesamte Lebensdauer projizierte. Die vier Jahreszeiten gaben eine Art Lebensschema ab: Frühling, Sommer, Herbst und Winter. Metaphorisch spricht man beispielsweise heute noch vom „Herbst des Lebens".

Die Jahreszeiten gaben den Lebensrhythmus vor. Dieser wurde ein weiteres Mal unterteilt in jeweils drei Monate. Damit war der Jahreszyklus mit zwölf Monaten komplett. Jedem Monat wies man eine spezifische Arbeit zu, die je nach Region unterschiedlich definiert war. Standards waren vorgegeben, wie beispielsweise „Ernte", „Jagd" oder „Schweineschlachten".

In der Sockelzone des linken Westportals der Kathedrale von Amiens sind die um 1230 entstandenen Monatsarbeiten als Relief in kleinen Vierpässen zu sehen. Der Künstler ging sehr sorgfältig mit der Aufteilung der Arbeiten um. Er verteilte die Ernte auf drei Monate: Im Juni lässt er das Heu mähen, im Juli wird das Korn mit der Sichel geschnitten, und im August stellt er den Bauern dar, der mit einem Dreschflegel das Korn bearbeitet. Die zum Kirchgang entschlossenen Gläubigen werden dort abgeholt, wo sie herkommen – vom Feld, aus dem Schlachthaus oder von der Jagd.

Häufig traten die Monatsarbeiten im Zusammenhang mit den Sternbildern und manchmal auch mit den ihnen zugeordneten Planeten auf. Für den Dom von Ferrara hat ein Künstler der Antelami-Schule um 1135 einen einzigartigen Zyklus von Monatsarbeiten für die monumentale Porta die Mesi geschaffen. Dieses Monatsportal befand sich an der südlichen Flanke des Doms und wurde im Jahre 1737 abgerissen. Die Skulpturen blieben glücklicherweise erhalten und sind heute im Dom-Museum zu betrachten. Es handelt sich um ehemals farbige Reliefs, deren Kleidung der damaligen italienischen Mode entsprach.

Monat August des Monats-Portals von Ferrara.

Liebevoll, einfühlsam und mit einem für die damalige Zeit erstaunlichen Realismus und außerordentlicher Artistik erzählt der Künstler von den alltäglich zu verrichtenden Dingen im Jahreslauf. Die lebevollen Figuren, die nahezu vollplastisch ausgeführt sind, füllen einen Aktionsraum aus, der ihnen die Möglichkeit bietet, ihre für die Identifikation der jeweiligen Arbeit notwendigen Bewegungen zu entfalten. Im Juni klettert ein junger Mann auf einen Apfelbaum, um die Früchte zu pflücken, die schon reif und prall in den Ästen hängen. Da der Künstler neben dem Stamm einen Krebs platzierte, dürfte es sich um die letzten Junitage handeln, da wir das Tier als ein Sternbild des Tierkreises interpretieren können. Der Winzer, der den September vertritt, schneidet mit einem kurzschaftigen Messer die Reben von den Zweigen und lässt sie in einen dicht geflochtenen Korb fallen.

Die Realistik des Erzählens lässt das Symbolische und Allegorische in den Hintergrund treten. Die einzelnen Monate stellen sich eben nicht „symbolisch" vor, sondern in einer vom Betrachter nachzuvollziehenden Aktion, die direkt auf seinen täglichen Erfahrungsraum verweist. Die „Porta dei Mesi" könnte als Gelenkstelle zwischen der Außenwelt des irdischen Alltags und der Innenwelt der sakralen Sphäre gedeutet werden – oder aber auch anders: Das Monatsportal verbindet das Alltägliche des Menschen mit der christlichen Heilsbotschaft. Die Kirche umfasst das ganze Leben des Menschen, ist also mehr als ein Gebäude, in dem gebetet und gesungen wird. Das entspricht dem universalen Anspruch der Kirche im Mittelalter, der auch politisch zu verstehen ist. Die Herren, Fürsten und selbst Könige und Kaiser gelten als Glieder der Kirche – mehr nicht. Ihr „Vorsitzender" thront auf dem Stuhl Petri.

Der Freiburger „Fürst der Welt".

Das Einbeziehen des Alltäglichen in die sakrale Sphäre entfaltete sich mit sublimem ikonografischen Raffinement zur

Zeit der Staufer, die geprägt war von unüberwindlichen und häufig in Kriegszügen ausartenden Spannungen zwischen Kaiser und Papst. Auch das Ende der päpstlichen Weltherrschaft, die in der so genannten „babylonischen Gefangenschaft der Päpste“ in Avignon festgeschrieben wurde, und die daraus resultierende allmähliche Verweltlichung der Kirche dürften ebenfalls die Profanisierung des Sakralen gefördert haben.

Das Leben des Menschen besteht nicht nur aus Arbeit, sondern auch aus Vergnügungen, die ebenfalls zum ikonografischen Bestandteil des mittelalterlichen „Kirchenbildes“ gehörten. Die Sympathien der antithetisch einander gegenübergestellten törichten und klugen Jungfrauen schenkt man mal den harmlos lächelnden und neckisch ihre Hüften schwingenden jungen Dingern, den Törichten, mal den eleganten und selbstbewusst lachenden Damen, den Klugen. Wir begegnen den törichten Fröhlichen beispielsweise im Gewände des südlichen Westportals des Straßburger Münsters – entstanden etwa um 1280. Anders, fast gegensätzlich verhalten sich ihre um 1290 fertig gestellten Kolleginnen in der Turmhalle des Freiburger Münsters. Während eine Straßburger Törichte ihre Fröhlichkeit offen zeigt – jene rechts neben dem „Fürsten der Welt“ – verharren ihre Freiburger Pendants in Trübsal. Sie grämen sich offensichtlich über ihr Verhalten, sind also schon gemaßregelt oder sogar bestraft worden. Schlimm sieht es um die zwischen 1240 und 1250 gestalteten Törichten in Magdeburg aus. Sie weinen und wischen sich mit ihrem Umhang die Tränen aus den Augen. Verzweiflung spricht aus ihren Gesten. Ganz anders die Klugen, die stolz und würdevoll mit einem charmanten Lächeln auf den Lippen daherkommen.

Was hat es mit dieser kirchlichen Frauenriege auf sich? Die in so unterschiedlichen seelischen Verfassungen befindlichen Damen beschreibt Matthäus im 25. Kapitel seines Evangeliums als Sinnbild des Weltgerichts: die fünf klugen Jungfrauen erwarten mit brennenden Öllampen ihren Bräutigam, Christus oder Ecclesia, die christliche Kirche. Die fünf törichten Jungfrauen, sorglos und verspielt, kümmerten sich nicht um das „Licht der Welt". Ihre Öllampen sind erloschen. Und während sie zum Krämer liefen, um Öl zu kaufen, verschwand der Herr mit den fünf Klugen im Hochzeitssaal und schloss das Tor.

> Zuletzt kamen auch die anderen Jungfrauen und sprachen: Herr, Herr, tu uns auf! Er antwortete aber und sprach. Wahrlich, ich sage euch: Ich kenne euch nicht!

Straßburger Münster: Rechtes Seitenportal der Westfassade. Der „Fürst der Welt" (links) mit den Törichten Jungfrauen.

Den Verzweifelten erwartete nun die Verdammnis. Der „Fürst der Welt", der Teufel trat vor sie hin. In Straßburg scheint sich eine Törichte mit ihrem Los abgegeben zu haben. Freudig und bewegt, fast schon begierig begegnet sie dem Fürsten. Die anderen aber sind sich noch nicht sicher, ob sie sich den höllischen Ausschweifungen hingeben sollen. In Magdeburg und Freiburg dagegen greift der Jammer in das Herz der Zurückgewiesenen. Fast schon karikierend nimmt sich das Heulen der Magdeburger Frauen aus, zumindest zeugt es von einer außergewöhnlichen artistischen Fertigkeit des Künstlers, die Mimik und Gestik so realitätsnah zu gestalten. Die Freiburger Törichten sind in ihrem Schmerz, das Paradies verpasst zu haben, erstarrt. Niedergeschlagen, fast stoisch erwarten sie ihre Strafe. Nur die linke Frau klagt. In einem Verzweiflungsgestus führt sie ihre Hand zum Kopf und legt die Handfläche an ihre Wange – die typische Haltung eines von der Melancholie heimgesuchten Menschen.

Wenn man die „Straßburger Ausschweifungen" bedenkt (siehe Seite 109ff.), nimmt es nicht Wunder, dass eine törichte Jungfrau in ihrer – nach damaligen Vorstellungen – unverhohlenen Schamlosigkeit dargestellt wird, und zwar an der Seite des Fürsten der Welt, zu dem sie lustvoll aufschaut, da er ihr den Apfel der Verheißung, die Frucht des Gegen-Paradieses gewissermaßen, entgegenhält.

Der Fürst der Welt, im Johannes-Evangelium als Verderber und Widerpart Christi genannt, galt im Mittelalter als Sinnbild der Eitelkeit allen weltlichen Strebens. In Straßburg ist es dem „princeps mundus" bereits gelungen, eine Weggefährtin zu finden, aber auch nur, weil er ihr seine glänzende Vorderseite und sein strahlendes Gesicht zuwendet. Vorne also „hui" und durchaus edel und elegant. Doch hinten eindeutig „pfui"! Was die sinnliche Törichte nicht sehen kann, erblicken wir mit Erschauern, wenn wir uns – übrigens auch in der Freiburger Turmhalle – hinter den Fürsten stellen. Sein gesamter Leib

Straßburger Münster: Rechtes Seitenportal der Westfassade:. Der „Fürst der Welt".

vom Gesäß bis zu den oberen Halsknochen klafft auf wie eine offene Wunde, aus der Kröten, Schlangen, Basilisken und andere ungeheuerliche Tiere hervorkriechen. Das ist sein teuflisches Mal, das er geschickt verbirgt, um die Sünderinnen in die Falle zu locken.

Im Freiburger Münster tritt der Fürst der Welt allerdings nicht mit den törichten Jungfrauen auf, sondern mit seinem weiblichen Parallelbild, der Voluptas, der Allegorie der sinnlichen Lust. Während es sich in Straßburg um eine Verführungsszene handelt – der Fürst bietet der Jungfrau den Apfel dar – haben wir es in Freiburg mit einem zusammengehörigen Paar zu tun. Der Fürst reicht der Frau eine Blume – in Sachen Sünde sind sie sich einig.

Voluptas, alias „Frau Welt", versteht sich als Gegenstück zum „princeps mundus". Auch aus ihrem Rücken kriecht Schreckliches hervor. In Freiburg verbirgt sie übrigens schamhaft ihren modrigen Rücken.

Wo können wir dieses seltsame Motiv orten? Walther von der Vogelweide (etwa von 1168–1228) hat dieses Bild von der eitlen und von der höfischen Welt verwöhnten Frau mit einem von Verwesung entstellten Rücken erstmals in einem Gedicht entworfen. Konrad von Würzburg (1220/30–1287) hat eine Generation später das Thema von Frau Welt wiederaufgenommen und in wunderbarer Weise ausgemalt:

> Sus kêrtes im den rucken dar:
> der was in allen enden gar
> bestecket und behangen
> mit würemern und mit slangen,
> mit kroten und mit nâtern;
> ir lîp was voller blâtern
> und ungefüeger eizen,
> fliegen und âmeizen
> ein wunder drine sâzen,
> ir fleisch die maden âzen.

Diese Zeilen aus dem Gedicht „der werlte lôn" ist mit Sicherheit vor die Zeit der Entstehung der Freiburger Vorhallen-Skulpturen (um 1290) zu datieren, da Konrad von Würzburg 1287 gestorben ist und zwar in Straßburg, wo er, neben Basel, die meiste Zeit seines Lebens tätig gewesen war. Inspirationen wären also denkbar – sowohl für die Straßburger als auch für die Freiburger Skulpturen.

Konrad, ein Meister des dichterischen Bildes, vermochte seine Zeitgenossen mit solchen Ausführungen ins Entsetzen treiben. Er schlug bislang kaum vernommene Töne an, um die Sündhaftigkeit der Welt zu verkünden. Möglich, dass er von seinem großen Vorbild Gottfried von Straßburg die poetische Artistik gelernt und verinnerlicht hatte. Seine Strophen entfalten mittels präziser Bilder und Metaphern ein buntes und schillerndes Panorama, das an Realistik kaum mehr zu überbieten ist. Wohl nur deswegen waren die bildenden Künstler in der Lage, die knappen biblischen Aussagen in ein erschreckend anschauliches Tableau zu transformieren.

Wie eindringlich sich solche poetischen Bilder auf das Publikum auswirkten, belegt ein Ereignis während und nach der Aufführung des Spiels von den klugen und törichten Jungfrauen. Der Landgraf von Thüringen wohnte einem solchen Spiel bei und echauffierte sich über die unrettbare Verlorenheit der törichten Jungfrauen derart, dass ihn der Schlag traf, er in Siechtum verfiel und kurze Zeit darauf seinen Geist aufgab. Das „verwesende Weltpaar" wird sicherlich eine nicht unwichtige dramaturgische Rolle gespielt haben.

Das Erbauliche äußert sich nicht nur in christlichen Allegorien, sondern auch in Illustrationen volkstümlicher Spiele und Gedichte. Der „Fürst der Welt" ist eben mehr als ein Teufel des Jüngsten Gerichts. Er ist allgegenwärtig und jederzeit auszumachen, wenn man nicht seinem Charme erliegt, sondern einen Blick hinter die Gewandkulissen wirft: Pfui Teufel!

Im Zentrum des unteren Registers spielen sich die „Freiburger Teufeleien" ab

Verweilen wir noch ein wenig bei den Freiburger Teufeleien, die mit unerwarteten motivischen Varianten aufwarten, welche an Dramatik und Drastik kaum zu überbieten sind, zumindest aber in der damaligen Zeit den gewohnten Heilsreigen gesprengt haben. Im unteren Register des Tympanons, rechts oberhalb der Geißelung Christi, also fast genau im mittleren Abschnitt, fällt ein Teufelchen auf, das mit vor Angst geweiteten Augen hinüber zum Seelenwäger Michael blickt und verzweifelt die Hände ringt.

So wie eben beschrieben, möchte man die Figur gerne sehen. In dieser Lesart avancierte sie jedenfalls zum Wahrzeichen des Freiburger Münsters: Schreckt das Teufelchen die Verdammnis – hat es eine Chance, erlöst zu werden? Diese Interpretation, so rührend sie auch klingt, lässt sich quellenmäßig nicht belegen und passt auch nicht in die mittelalterliche Teufelsauffassung. Die Erlösung des Teufels ist eine Sache des schwäbischen Pietismus des 18. Jahrhunderts.

Hier handelt es sich um eine Disputatio zwischen dem Seelenwäger und dem Teufel, also auch wieder um eine volkstümliche Ausmalung des Geschehens. Ein Teufel hat sich bereits – wohl auf Befehl seines Chefs – an eine Waagschale gehängt, um sie nach unten zu ziehen. Es gelingt ihm nicht. Der Teufel ringt die Hände, um anzudeuten: „Diese Seele gehört mir!“ Doch Michael hebt abwehrend die Rechte, und in der Tat, die Schale senkt sich trotz teuflischen Zusatzgewichtes nicht.

Das unterhalb des Dreipassfrieses angebrachte Jüngste-Gericht-Szenarium wird im linken Bereich begleitet von der Passion Christi. Rechts verfolgt man übrigens die genremäßig ausgemalte Szenenfolge der Geburt Christi. Bleiben wir bei der Passion und der am linken Rand platzierten Figur mit dem aufgerissenen Leib, aus dem die Gedärme hervorquellen. Das ist Judas, der Verräter. Er stirbt. Aus seiner rechten Hand gleiten die Silberlinge, die linke greift zum Strick, an dem er sich erhängt hat. Seine Seele entfährt ihm und wird von zwei kleinen Teufeln in Empfang genommen. Der Todesschmerz des Judas setzt sich fort, da die Teufel die Seele in Gestalt eines Neugeborenen mit Pfeilen durchbohren. Was für eine Darstellung – an Schrecken kaum noch zu überbieten!

Handelt es sich bei diesen Darstellungen um Alltagsbilder? Im sakralen Kontext ist der ikonografische Code zweifellos gewahrt: Geburt, Passion oder Jüngstes Gericht folgen in der üblichen Szenenfolge nach biblischer Lesart aufeinander. Das Alltägliche lässt sich bei den genannten Beispielen über das Volkstümliche definieren, das als „ästhetische Konnotation" zu charakterisieren ist. Der Teufel symbolisiert nicht nur „Hölle und Verdammnis", sondern wird in einer Aktion dargestellt, die den Rahmen seiner biblischen Existenz sprengt. Er verhandelt nicht nur mit Michael, sondern er pokert trickreich, indem er einen Hilfsteufel rekrutiert, um das Seelenwägen zu manipulieren. Hier schält sich das Alltägliche aus dem Sakralen heraus.

Ähnlich kann man die Judas-Szene interpretieren. Der Verräter erhängt sich nicht nur, sondern er verreckt am Strick unter grauenhaften Schmerzen. Dass seine Gedärme herauspurzeln, lässt sich kaum mit dem Würgetod am Strick in Einklang bringen. Hat sich der Verzweifelte vorher noch den Leib aufgeschlitzt? Dieses Motiv und die den „Seelenkörper" malträtierenden Teufelchen verstärken das konnotative Moment. Das Ausmalen des Schreckens durch Ekel erregende Bilder, dieses ästhetische Surplus, greift über den sakralen Rahmen hinaus in die Wirklichkeit des Alltagslebens. Dadurch rückt das Heilsgeschehen dichter an das Empfinden des Menschen heran und signalisiert so etwas wie Verständnisbereitschaft gegenüber dem Lebens- und Erfahrungsraum des Gläubigen.

Volkstümliche Darstellungen der Heilsgeschichte oder biblischer Gleichnisse waren im hohen und späten Mittelalter be-

Die „Wolfsschule“ mit der „Gourmandise“ (rechts) im Freiburger Münster.

Die „Himmelfahrt Alexanders“ im Freiburger Münster.

liebt und fanden in Kathedralen eine vielfältige Verbreitung. Sie wurden zu einem großen Teil von Passions- und Osterspielen sowie von Gedichten, Fabeln und Epen inspiriert. Ob Jagdfriese, Ritterszenen oder Tierfabeln: Ihr Szenarium war in der Literatur bildlich und metaphorisch ausfabuliert. Auftraggeber, Bildprogrammierer und Künstler verfügten demnach über ein weites Spektrum, das die obligate Heilsgeschichte mit Gleichnissen, Legenden oder Fabeln zu ergänzen suchte.

Im Freiburger Münster können wir am chorseitigen Pfeiler der Nikolauskapelle eine merkwürdige Szenenfolge beobachten: Ein Mönch erteilt einem Wolf Schreibunterricht. Mahnend hebt der Magister den Finger, da sich der Wolf gerade von seinem Schreibheft ab- und einem Lämmlein hinter seinem Rücken mit fletschenden Zähnen zuwendet. In der Folgeszene hat der Wolf das Lämmchen bereits gepackt, doch der Mönch bringt ihn zur Raison, indem er die Bestie mit dem Stock straft und mit dem Zeigefinger auf seine Stirn deutet: „Hier wird gelernt und nicht geschlachtet!“

Dieser um 1200 entstandene und vom Baseler Münster inspirierte Fries zeigt die Wolfsschule. Die beiden Szenen schildern das Bemühen des Mönchs, den Wolf, die Verkörperung des Bösen, durch Lernsequenzen von Untaten abzuhalten. Offensichtlich gelingt das dem Magister, denn die Tiere scheinen ungeschoren davonzukommen.

In diesen Szenen spielen biblische Gleichnisse des Alten und Neuen Testaments sowie antike Tierfabeln hinein. Der Wolf, Sinnbild des Teufels und der Voluptas, der sinnlichen Lust, erscheint ein drittes Mal in diesem Fries, und zwar als Reittier. Er trägt eine junge Frau. In Frankreich war dieses Motiv als Darstellung der Gourmandise, der Unmäßigkeit, geläufig. Es leitet sich aus der antiken römischen Literatur ab, in der Dirnenhäuser „lupanaria“ genannt und Dirnen als „lupae“ bezeichnet wurden.

Verkröpfung: ein um Vorsprünge der Säulen herumgeführtes Gesims (ein waagerecht aus der Mauer hervortretender Streifen).

Unmittelbar neben dieser Szenenfolge sind in der Kapitellverkröpfung zwei Greifen zu sehen, die einen Korb tragen, in dem eine Figur hockt.

Es muss sich um eine herrschaftliche Person handeln, da sie mit einer Krone versehen ist. Tatsächlich ist hier die Himmelfahrt des Makedonenkaisers Alexander dargestellt. Die Quellen zu dieser Szene findet man im antiken Alexanderroman, der um 200 v. Chr. vom Pseudo-Kallisthenes verfasst wurde und in apokryphen Prophetentexten zum Alten Testament wieder auftauchte. Für die heftig umstrittenen Frage, ob der Papst oder der Kaiser die Welt regierte, setzte man von herrschaftlicher Seite gern das Gottkönigtum Alexanders ein, da bekannt war, dass Alexander es trotz großen Widerstands durchsetzen konnte, in die Götterriege Griechenlands aufgenommen zu werden. Andererseits brandmarkte die Kirche die Himmelfahrt des antiken Helden als Gotteslästerei und verstand die Szene als Sinnbild der Superbia, des Hochmuts. In dieser Bedeutung ist das Kapitelldetail im Freiburger Münster zu verstehen, das sich in die Hochmuts-Sequenz der Wolfsschule und der Gourmandise einreiht.

Im Freiburger Münster finden sich ungewöhnlich vielfältige Aspekte, den Bürgern die volkstümlichen Seiten der christlichen Heilslehre aufzuzeigen – sei es im Glasfenster oder in der Skulptur. Die Bilder treffen ins Zentrum des alltäglichen Erfahrungsraums der Gläubigen, indem sie das Zeit-Empfinden konkretisieren. Schmerz, Trauer, Wut oder die Angst vor gottlosen Machenschaften der Herrschenden wird ihnen drastisch vor Augen geführt. Andererseits erkennen sie auch den Silberstreif am Horizont, das Versprechen der Erlösung. Die Kirche wirkt als Aufklärungsmedium und zugleich als Schutzraum: Die Gefährdungen des Lebens können wir bestehen, wenn wir uns der christlichen Lehre anvertrauen. Mehr noch: Die tägliche Arbeit und daraus möglicherweise resultierender Reichtum – das machen die Zunftfenster deutlich – stehen unter dem Schutz Christi und der Heiligen. Geborgenheit vermittelt Zuversicht und damit Kraft und Stärke.

Neben dem Selbstverständnis der Bürger, das im Zunftfenster zum Ausdruck kommt, zielen die volkstümlichen Bilder auf Belehrung, Erbauung und Trost. Dass mit diesem Spektrum längst nicht alle motivischen Varianten, die sich mit außerbiblischen Themen beschäftigen, abgegolten sind, dürfte selbstverständlich sein. Die Themenauswahl ist ungewöhnlich umfangreich und vielfältig. Mythen, Fabeln und ins Alltägliche transformierte heilsgeschichtliche Motive finden sich in nahezu jeder Kathedrale – im Fenster, in den Portalzonen und Kapitellen oder als Schnitzarbeit im Chorgestühl.

Dass es auch zu sittenlosen und unzüchtigen Präsentationen gekommen ist, lassen die Vorkommnisse im Straßburger Münster ahnen (siehe Seite 104ff.). Dort wagte auch ein Steinmetz Mitte des 13. Jahrhunderts, eine so genannte Fuchsprozession zu gestalten, und zwar am Kapitell einer Säule des südlichen Triforiums nahe der Vierung.

Triforium:
Laufgang mit Arkaden über den Bögen des Hauptschiffs und des Querhauses.

Das Werk existiert leider nicht mehr, aber der Satiriker und gebürtige Straßburger, Johann Fischart (1546–1590), entdeckte dieses schwer zugängliche Werk, ließ eine Abbildung anfertigen und reimte dazu Verse, die das Papsttum verhöhnten. Die Katholiken versuchten nun ihrerseits, das Kapitell als Machwerk der Protestanten zu entlarven. Das schlug natürlich fehl, da die Datierung der Skulptur eindeutig vor der Reformation Luthers lag. Jedenfalls war die Fuchsprozession ein Stein des Anstoßes, bis ein katholischer Priester im Jahre 1685 einen Steinmetz beauftragte, die Figuren abzuschlagen.

Was war dargestellt? Ein Fuchs wurde zu Grabe getragen. Der Hirsch las die Messe und der Esel hielt die Predigt. Eber und Bock trugen die Bahre mit dem verblichenen Fuchs. Der Wolf hielt das Kreuz, der Hase eine Kerze und der Bär den Weihkessel. Sittenlos und gotteslästerlich war diese Darstellung in den Augen der Protestanten des 16. Jahrhunderts. 300 Jahre zuvor mochten solche Szenen eher ein gleichgültiges Schmunzeln hervorgerufen haben. Außerdem war es möglich, diese Szenen auch „ex negativo" zu deuten: Sie sollten den Priestern eine Warnung vor Ketzerei und Lästerei sein.

Einem weiteren Bericht zufolge, soll an der Mittelschiffskanzel des Straßburger Münsters eine unzüchtige Szene dargestellt worden sein. Ein Mönch vergreift sich in schamloser Weise an einer Nonne. Was für eine merkwürdige Überlieferung! Diese Kanzel schuf Meister Hans Hammerer um 1485 eigens für Predigten des Geiler von Kaysersberg, von dem bekannt ist, dass er scharf gegen die Sittenlosigkeit seiner Zeit das Wort erhob. Wollte er der gefürchteten „Kanzelposaune" mit einer ironischen Floskel zu verstehen geben, dass durchaus nicht alle Bürger Straßburgs mit dessen Zucht- und Ordnungsrufen einverstanden waren?

Leider können wird den Grad der in dieser Skulptur offenbarten Unzucht nicht mehr ermessen, da die Szene im Jahre 1764 auf Anordnung des Domdekans entfernt wurde. Wo aber befand sich dieses Kunstwerk? An der Kanzel sicherlich nicht, denn hier sind keine Spuren eines herausgemeißelten Stücks zu sehen. Waren es dann Holzschnitzereien am Pult gewesen? Wie auch immer. Vielleicht handelte es sich hier um eine Legende, die Geiler in Misskredit bringen – immerhin predigte er von dieser Kanzel – oder die Sittenlosigkeit der Papisten anprangern sollte.

Solche und ähnliche sakral-parallele Bild-Szenen sind fast in jeder gotischen Kathedrale zu finden. Das Spektrum war weit gefasst. Es reichte vom harmlos Volkstümlichen zum entschieden Sittenlosen und reihte sich nur in seltenen Fällen in die ikonografische Tradition ein. Aber gerade diese Erfindungen, die dem Temperament der Menschen entlehnt waren, trugen zur Alltags-Atmosphäre der mächtigen und nur vordergründig so pathetisch ernst wirkenden Kathedrale bei.

Die gotische Kathedrale ist nicht als Kunstwerk, sondern als Haus Gottes erbaut worden. Inmitten des Säulenwaldes unter dem hohen Gewölbe und angesichts der funkelnden Glasfenster und der im Stein ruhenden biblischen Gestalten wähnt sich der Gläubige dem Himmel nahe. Die Kathedrale bildet das himmlische Jerusalem weder nach noch ab, vielmehr – um den Hoffnungsgedanken Ernst Blochs zu folgen – bildet sie die himmlische Stadt vor. Trost und Zuversicht findet der Gläubige im Versprechen künftiger Erlösung, das er in der filigranen und himmelwärts strebenden Architektur erfährt.

Der Mensch des Mittelalters betrat die Kathedrale jedoch nicht als Geläuterter, sondern als ein mit der Last des Alltäglichen Beladener. Vergebung setzt Sünde voraus. Neben den klugen Jungfrauen stehen die törichten, neben den Heiligen der Fürst der Welt. Kaufleute, Winzer und sogar Dirnen verfolgten gerade während des Gottesdienstes in den Seiten- oder Querschiffen ihre Geschäfte. Das Laster mochte sich in Erwartung späterer Buße und versprochener Erlösung entfalten. Durch die mittelalterliche Kathedrale verlief eine großzügige Schattenlinie, auf der sich das Religiöse und Heilige mit dem Alltäglichen und Liederlichen trafen und einander durchdrangen. Die Kathedrale als allgemein akzeptiertes Vor-Bild des Himmels funktionierte wohl nur deswegen, weil sie sich zum Brennpunkt des religiösen und alltäglichen Lebens entfaltete.

Literatur

Althoff, Gerd, Goetz, Hans-Werner, Schubert, Ernst: Menschen im Schatten der Kathedrale. Neuigkeiten aus dem Mittelalter, Darmstadt 1998

Bandmann, Günter: Mittelalterliche Architektur als Bedeutungsträger, Berlin 1951

Borst, Arno: Lebensformen im Mittelalter, Frankfurt am Main/ Berlin 1979

Bucher, Stefan: „Gregorianischer Choral in der Gemeinschaft der Mönche". Proseminararbeit für die Schule für Angewandte Linguistik Zürich, Mai 2000, in: www.stefanbucher.net/gregorianik

Charpentier, Louis: Die Geheimnisse der Kathedrale von Chartres, Köln 1972

Ehlert, Trude: Das Kochbuch des Mittelalters. Rezepte aus alter Zeit, erläutert und ausprobiert, München 1991

Herrmann, Bernd (Hg.): Mensch und Umwelt im Mittelalter, Frankfurt am Main 1989

Huizinga, Johan: Herbst des Mittelalters. Studien über Lebens- und Geistesformen des 14. und 15. Jahrhunderts in Frankreich und in den Niederlanden, Stuttgart 1975

Kauffmann, Georg: Florenz. Reclams Kunstführer Italien, Band III. Hg. von Manfred Wundram, Stuttgart 1969.

Klibansky, Raymond, Panofsky, Erwin, Saxl, Fritz: Saturn und Melancholie. Studien zur Geschichte der Naturphilosophie und Medizin, der Religion und der Kunst, Frankfurt am Main 1990

Klotz, Heinrich: Geschichte der deutschen Kunst. Band 1: Mittelalter 600–1400, München 1998

Klug, Sonja Ulrike: Kathedrale des Kosmos. Die heilige Geometrie von Chartres, München 2001

Krummer-Schroth, Ingeborg: Glasmalereien aus dem Freiburger Münster, Freiburg im Breisgau 1978

Mumford, Lewis: Die Stadt, 2 Bände, München 1984

Rupprich, Hans: „Vom Späten Mittelalter bis zum Barock". In: De Boor/Newald (Hg.): Geschichte der deutschen Literatur, Band IV/1, München 1970

Schubert, Ernst: Alltag im Mittelalter. Natürliches Lebensumfeld und menschliches Miteinander, Darmstadt 2002

Winckelmann, Otto: „Zur Kulturgeschichte des Straßburger Münsters im 15. Jahrhundert". In: Zeitschrift für die Geschichte des Oberrheins 22, 1907, S. 247–290